W0066572

Dieses Buch gehört:

Hölkers kleine Küchenbibliothek

»Brotzeiten«
Genüsse
rund um die Uhr

gesammelt und ausprobiert
von Jutta Radel

verlegt von

Wolfgang Hölker

ISBN: 3-88117-411-7
© 1986 Verlag Wolfgang Hölker GmbH, Münster
Alle Rechte vorbehalten, auch auszugsweise
Graphische Gestaltung: Rainer Eichler
Printed in Germany by Druckhaus Cramer, Greven
Buchbinderische Verarbeitung: Klemme, Bielefeld
Musterschutz angemeldet beim Amtsgericht Münster

Inhalt

Vorwort

Brot gehört zum menschlichen Dasein, es begleitet uns seit Urzeiten. Der Neandertaler kannte es nur als Brei. Abraham hieß seine Frau Sarah, drei Maß feines Semmelmehl abzumessen; sie buk daraus einen Brotkuchen und reichte ihn den Wanderern zum Vesper. Ein Blick zurück zu den Römern markiert die „kleinen" Unterschiede: Es gab Weißbrot für die Reichen, aber Schwarzbrot für die Sklaven und Armen. Und während die einen von ihrem Brot zehrten, aßen die anderen es so nebenher — bei Wildbret und gespickten Poulardenbrüstchen.

Als kleine Mahlzeit, zum Vesper, zur Brotzeit, ist das Brot stets in Ehren gehalten worden. Dieses Buch widmet sich denn auch den verschiedenen „Brotzeiten", wie sie rund um die Uhr angezeigt sind:

Brotzeiten beginnen in der Früh, mit dem Frühstück. Sie unterbrechen den arbeitsintensiven Vormittag in Schule und Beruf. Sie entfalten ihren Charme bei einem sonntäglichen Brunch. Sie bewähren sich rund um den Mittagstisch. Sie stillen den Picknick-Appetit. Sie halten jede Kinderparty bei guter Laune. Sie sind „klassisch" zum 5-Uhr-Tee und verschönern endlich den Abend. Sie regen zum Aperitif an, finden ihren Höhepunkt bei Wein und in Gesellschaft, sei es in Form einer rustikalen

Brot-Mahlzeit oder als orientalisches Buffet.
„Brotzeiten" — Genüsse rund um die Uhr — laden
zu einem Stelldichein mit den reizvollen kleinen
und größeren Mahlzeiten rund um den Brotlaib ein.
Aufgezeichnet sind Rezepte, Zusammenstellungen
von Mahlzeiten, Anregungen für Brotbelag und
Beilagen, zum Backen, Kochen und Genießen.
Brot, und selbst eine Brot-Diät, kann die Fantasie
beflügeln. Es inspiriert zu immer neuen Mahlzeiten
und überrascht als Gaumen- und Augenschmaus
gleichermaßen.
Guten Appetit und viel Freude wünscht den
Leserinnen und Lesern

Jutta Radel

Zur Beachtung: Die Mengenangaben bei den
flüssigen Zutaten sind überwiegend in Dezilitern
(dl) vermerkt. 1 dl = $\frac{1}{10}$ l.

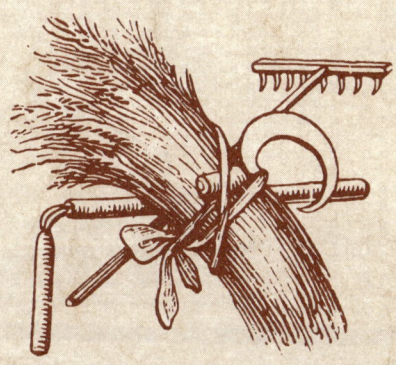

Mit einem Frühstück fängt der Tag gut an

Der Sonntagszopf für jeden Tag
(Grundrezept)

500 g Weizenmehl, 1 TL Salz, 1 EL Zucker,
100 g Butter, 1 Eigelb, 20 g Hefe oder 1 Päckchen
Trockenhefe, 2½ dl lauwarme Milch, Eigelb zum
Bestreichen

Mehl, Salz, Zucker in die Backschüssel geben und
mischen. Eine Mulde ins Mehl drücken, die Butter
in Flöckchen sowie das Eigelb hineingeben und mit
den Händen verkneten.
Die Hefe in der Milch auflösen, dann nach und nach
zum Mehl gießen. Rühren, später kneten, bis ein
geschmeidiger Teig entstanden ist. Den Teig auf
dem leicht bemehlten Tisch weiter kräftig durchkneten, in die Schüssel zurückgeben, mit einem
Tuch bedecken und um das Doppelte seines
Umfanges aufgehen lassen.
2 gleichmäßig lange Rollen formen. Diese
kreuzweise übereinanderlegen und zu einem Zopf
flechten. Mit dem Eigelb bestreichen, 30 Minuten
kühl stellen. Rund 45 Minuten bei Mittelhitze
(200 Grad) im vorgeheizten Ofen backen.

Ein gutes Frühstück ist besser, als wenn einem auf
nüchternem Magen drei Bauern guten Tag sagen.
(Sprichwort aus Pommern)

Varianten

Mohnzopf

Grundrezept Zopfteig zubereiten. Den Zopf aus
3 Strängen flechten, dann wirkt er etwas rundlicher.
Mit Eigelb bestreichen und mit Mohnsamen
bestreuen. Abbacken.

Rosinenbrot

Grundrezept Zopfteig zubereiten, doch nur mit
½ TL Salz, dafür die Zutaten um 3 EL Zucker und
1 Tasse Rosinen erweitern.
In einer Cakeform (Kastenform) backen.

Zuckerbrötchen

Grundrezept Zopfteig zubereiten, aber nur mit
½ TL Salz, dafür unter Zugabe von 5 EL Zucker.
Aus dem aufgegangenen Teig kleine Brötchen
formen, mit Eigelb bestreichen, mit Hagelzucker
bestreuen. Ungefähr 10 Minuten bei kräftiger
Mittelhitze (220 Grad) im vorgeheizten Ofen
backen.

Das schmeckt gut zum Hefeteigbrot
Der gewohnte Morgenkaffee, frische Butter,
Konfitüre, Gelee oder Honig.

Cranberry-Konfitüre

– weil sie nicht alltäglich, leicht säuerlich und eher herb ist.

500 g Cranberries (große Preiselbeeren aus Amerika), 400 g Gelierzucker, 3 dl Wasser

Zucker und Wasser aufkochen, die gewaschenen Cranberries zufügen. 30 Minuten einkochen, währenddessen öfters rühren. In Gläser füllen und sauber verschließen.

Croissants

Was dem Franzosen sein Croissant, ist dem Schweizer das Gipfeli. Der Deutsche kennt es, je nach Landschaft, als Hörnchen oder Gipfel. Zum Zmorge, dem zweiten Frühstück gegen 9 Uhr, wird das Gipfeli zum Kaffee gegessen oder auch „getunkt".
Croissants werden aus Blätterteig gebacken. Es lohnt sich, Frischback-Croissants zu kaufen, den morgendlichen Bedarf aufzubacken und noch warm zu essen.
Dazu trinkt man eine große Schale Milchkaffee (mit warmer Milch, auch zum Tunken) oder den gewohnten Morgenkaffee oder Cappuccino.

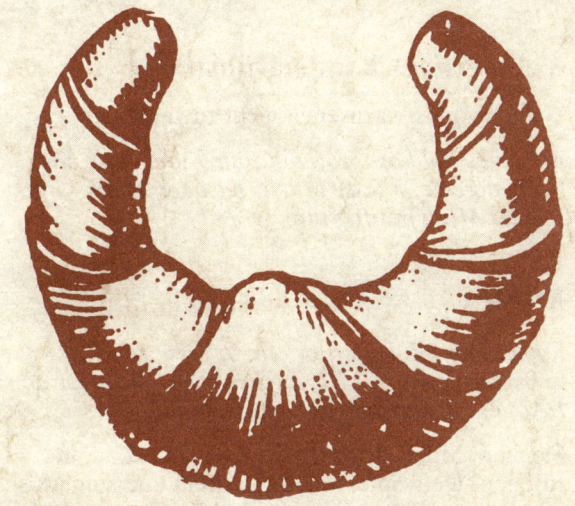

Vollkornbrot

10 g Hefe oder ½ Päckchen Trockenhefe,
3 dl lauwarmes Wasser, 500 g Vollkornmehl,
1 TL Salz, 3 EL Öl, 1 Handvoll Weizenkörner

Mehl und Salz mischen. In die Mitte eine Mulde
drücken. Hefe in dem Wasser auflösen, Öl
dazugeben, diese Flüssigkeit nach und nach in die
Mehlmulde geben. Langsam durchkneten, und
zwar so lange, bis der Teig sich von der Schüssel löst.
Teig mit einem Tuch bedecken und um das Doppelte
seines Umfanges aufgehen lassen. Das Brot
formen. Mit Wasser bestreichen und mit Körnern
bestreuen. Im vorgeheizten Ofen bei Mittelhitze
(200 Grad) rund 45 Minuten backen.

Vollwertiges Kinderfrühstück

– auch von Erwachsenen nicht zu verachten.

*1 Scheibe Vollkornbrot, mit Butter und Käse oder
Nougatcreme, 1 Tasse Milch, Tee oder Schokodrink,
1 Teller Müsli mit Joghurt*

Müsli

*1 gehäufter EL Haferflocken, ½ Tasse Milch,
½ Becher Joghurt, 1 EL Zucker, etwas Zitronensaft,
1 Apfel, 1 Handvoll geriebene Nüsse*

Flocken, Milch, Joghurt mischen. Zucker, Saft
zufügen. Den Apfel schälen, raffeln und zum Müsli
mischen, zuletzt die Nüsse darüberstreuen.
Je nach Jahreszeit schmecken besonders gut frische
Beeren, Trauben und zerkleinerte Pfirsiche dazu.

Eier-Frühstück

*1-2 Scheiben Vollkornbrot (siehe Seite 13), mit
Frischrahmkäse bestrichen, Tee oder Kaffee, Rührei
oder*

Bacon and Eggs

*Einige Scheiben sehr dünn geschnittener Frühstücks-
oder Schinkenspeck, pro Person 1-2 Eier*

Den Speck ausbraten, bis er knusprig ist. Eier in die Pfanne schlagen, zwischen die Speckscheiben plazieren. Bei kleiner Hitze stocken lassen.

Knäckebrote für den kleinen Appetit

Allein die vielen Knäckebrot-Sorten sorgen für Abwechslung: Es gibt sie mit Sesam, Leinsamen, Joghurt, Roggen, aus 4-Korn und in einer Bircher-Variante.
Und der Belag richtet sich nach der Gaumenfreude: Butter und Marmelade oder französischer Frischrahmkäse, Kräuter-Käse, Quark mit Honig, Cottage-Käse oder eine beliebige Quarkmischung (siehe Seite 112). Tomatenscheiben empfehlen sich zum Garnieren.

Ungarischer Quark

250 g Rahmquark, 1 Stückchen weiche Butter,
1 EL scharfer Paprika, 1½ EL Kümmel, Salz

Alle Zutaten sehr gut mischen. Eventuell ganz wenig Milch zum Glattrühren verwenden.

Wer reichlich frühstückt, muß sparsam vespern.
(Sprichwort aus Schlesien)

Eigene Rezepte & Notizen:

Einladung zum Brunch

Brunch, das gesellige Frühstück zwischen Morgen und Mittag, kommt aus dem Land der unbegrenzten Möglichkeiten. Brunch bedeutet Genuß mit viel Zeit an einem Sonn- oder Feiertag. Flügge gewordene Mitglieder der Familie treffen sich, Freunde kommen zusammen, nette Bekannte sehen sich wieder. Und zu jedem Brunch gehört eine breite Auswahl an Brot; ein vernaschtes Drum und Dran und gute Laune sind selbstverständlich.

Bauernbrot

300 g Weizenmehl, 200 g Roggenmehl, 1 TL Salz, 10 g Hefe oder ½ Päckchen Trockenhefe, 3 dl lauwarmes Wasser, 1 EL Öl, 4 (100 g) Pellkartoffeln, Salz, Pfeffer und Muskat

Mehl und Salz mischen, in die Mitte eine Mulde drücken. Hefe in dem Wasser auflösen, Öl dazugeben, nach und nach in die Mehlmulde gießen. Langsam durchkneten, und zwar so lange, bis der geschmeidige Teig sich von der Schüssel löst. Kartoffeln pellen, pürieren bzw. fein zerquetschen und würzen. In den Teig kneten. Teig mit einem Tuch bedecken und um das Doppelte seines Umfanges aufgehen lassen. Nochmals durchkneten. Das Brot rund formen. Mit Mehl bestäuben und schachbrettartig einschneiden. Im vorgeheizten Ofen bei guter Mittelhitze (200 Grad) rund 45 Minuten backen.

Zwiebel-Speck-Brot

*3-4 Zwiebeln (100 g), 100 g durchwachsener Speck,
500 g Weizenmehl, 1 TL Salz, je 1 Prise Thymian,
Majoran, 20 g Hefe oder 1 Päckchen Trockenhefe,
3 dl lauwarmes Wasser, 1 EL Öl*

Zwiebeln und Speck fein würfeln. Speck auslassen,
die Zwiebeln darin andämpfen. Etwas abkühlen
lassen.
Mehl, Salz und Gewürze mischen. Ins Mehl eine
Mulde drücken. Hefe in dem Wasser auflösen, Öl
dazurühren, dann in die Mehlmulde gießen. Zu
einem Teig verarbeiten. Zwiebeln und Speck zum
Teig kneten; weiterhin kneten, bis der Teig nicht
mehr klebt.
Den Teig mit einem Tuch bedecken und um das
Doppelte seines Umfanges aufgehen lassen. Dann
wieder zusammenkneten und einen Brotlaib
formen. Auf ein leicht gefettetes Blech legen und
nochmals aufgehen lassen. Im vorgeheizten Ofen
bei starker Mittelhitze (220 Grad) gut 45 Minuten
backen.

Variante
Aus dem Teig Brötchen formen. Backzeit:
20 Minuten.

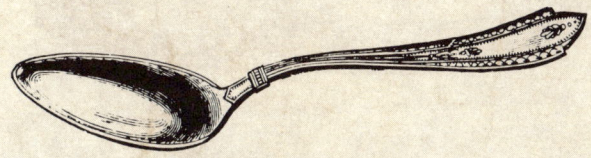

Sesam-Ringe

500 g Roggenmehl, ½ TL Salz, 20 g Hefe oder
1 Päckchen Trockenhefe, 1 TL Zucker, 3 dl
lauwarmes Wasser, 2 EL Öl, 2 Eigelb, 1 Tasse Sesam

Mehl und Salz mischen. Eine Mulde ins Mehl
drücken. Hefe in dem Wasser auflösen, Zucker und
Öl dazurühren. Zum Mehl gießen und einen glatten
Teig kneten. Den Teig, der nicht mehr kleben darf,
mit einem Tuch bedecken und um das Doppelte
seines Umfanges aufgehen lassen.
Nochmals durchkneten. Jetzt gleichmäßige 1-2 cm
dicke Stränge zwischen den Handflächen formen,
die ca. 20 cm lang sind. Diese zu Ringen formen.

Die Teigringe mit Eigelb (mit wenigen Tropfen
Wasser verdünnt) bepinseln. Sesam auf einen
flachen Teller schütten. Die Teigringe im Sesam
wälzen. Auf ein leicht gefettetes Backblech legen.
Mit einem Tuch bedeckt nochmals aufgehen lassen.
Im vorgeheizten Ofen bei Mittelhitze (200 Grad)
etwa 15 Minuten backen.

Panettone im Blumentopf

— für den süßen Geschmack.

*500 g Weizenmehl, ½ TL Salz, 30 g Hefe oder
1 Päckchen Trockenhefe, 3 dl lauwarme Milch, 100 g
weiche Butter, 100 g Zucker, 2 Eier, je 100 g
gehacktes Zitronat, Orangeat, Sultaninen,
1 Handvoll Mandelsplitter*

Mehl und Salz mischen. Eine Mulde ins Mehl
drücken. Hefe in der Milch auflösen, Butter und
Zucker dazurühren. Alles zum Mehl geben und
verarbeiten. Eier zufügen. Den Teig lange und
kräftig durchkneten. Restliche Zutaten in den Teig
kneten. Wenn er glatt ist und nicht mehr klebt, mit
einem Tuch bedeckt um das Doppelte seines
Umfanges aufgehen lassen.
Währenddessen mehrere kleine oder zwei größere
Ton-Blumentöpfe in Wasser legen. Anschließend
innen mit Öl einpinseln.

Die Blumentöpfe zu ⅔ mit dem fertigen Teig füllen,
dann mit einem Tuch abdecken. Den Teig nochmals
aufgehen lassen. Jetzt die Oberflächen mit Wasser
bestreichen und leicht mit Mehl bestäuben. Im
vorgeheizten Ofen bei Mittelhitze (200 Grad)
30-40 Minuten backen.

Muffins

— eine amerikanische Spezialität mit zwei
Rezeptvorschlägen.

*250 g Weizenmehl, ½ TL Salz, 3 EL Zucker, 3 EL
flüssige Butter, 3 Eier, 1½ dl Milch, 150 g Blaubeeren
(tiefgefroren), Pinienkerne*

Mehl, Salz, Zucker in der Backschüssel mischen.
Butter, Eier, Milch verschlagen. Zum Mehl geben
und den Teig rühren. Die aufgetauten Blaubeeren
dazugeben. Den Teig in die mit Öl ausgepinselten
Muffin-Förmchen geben (ein spezielles Backblech
mit Förmchen-Vertiefungen). Mit Pinienkernen
bestreuen. Im vorgeheizten Ofen bei 200 Grad
25-30 Minuten backen.

Variante
Muffins mit Zucchini füllen. Am Rezept ändern Sie
folgende Punkte:

¾ TL Salz (statt ½ TL)
2 EL Zucker (statt 3 EL)
1-2 Zucchini = 150 g (statt Blaubeeren)

Die geraspelten Zucchini unter den Teig geben. Teig
in die Förmchen gießen und mit Sonnenblumenker-
nen bestreuen.

Käse-Birnen-Taschen

*1 Paket Blätterteig (vorgeschnitten), 1 nicht zu
weicher Camembert, 5 gut abgetropfte Birnenhälften
(aus der Dose), 1 Eiweiß, 1 Eigelb*

Die Blätterteigschichten noch halbgefroren
auseinanderlegen und in 10 Quadrate schneiden.
Auf 5 Teigquadrate je eine dicke Scheibe Käse und
eine Birnenhälfte legen. Teigränder mit Eiweiß
bestreichen. Die anderen 5 Teigquadrate darüberle-
gen. Teigränder fest mit einer Gabel andrücken.
Taschen mit Eigelb bestreichen.
Das Backblech mit kaltem Wasser abspülen. Das
Gebäck aufs Blech setzen und im vorgeheizten
Ofen bei kräftiger Mittelhitze (220 Grad)
20 Minuten backen.
Das Überraschungs-Gebäck wird warm serviert.

---

*Nichts ist ungesünder, als allein zu speisen, seinem
bloßen werten Ich gegenüber zu sitzen und dabei zu
lesen oder gar zu denken.*

(Karl Julius Weber)

Das Rundherum

Zu Brot und Gebäck gehört allerlei appetitliches Beiwerk, all das, was zwischen Frühstück und Mittag schmecken könnte und was den Tisch verführerisch schön schmückt.

- Kaffee oder Tee in hübschen Kannen
- Säfte in Glaskrügen
- Milch und diverse Gläser Joghurt
- Zwei oder mehrere Sorten Konfitüre, Honig, Gelee
- Butter

Butter mit grünem Pfeffer

250 g Butter, 2 TL abgeriebene Zitronenschale, Salz, 4 TL grüner Pfeffer (aus dem Glas)

Butter schaumig rühren, mit Zitronenabrieb, Salz sowie gehacktem grünen Pfeffer vermengen. Abschmecken. In ein Schälchen füllen, mit Pfefferkörnern garnieren. Bis zum Gebrauch kühl stellen.

Pochierte Eier auf Salatblättern

1 Kopf Endiviensalat, 1 Salatgurke, 1-2 kleine Orangen, 1-2 Eier pro Person, Wasser und 2 EL Essig, 1 Päckchen Safran

Für die Sauce: Zitronensaft, Öl, Salz, Pfeffer, 1 Prise Zucker, gehackter Dill

Blätter aus dem Innern des Salatkopfes in einem großen, tiefen Teller auslegen. Die Gurke schälen. Die Orange schälen, dünn scheibeln, halbieren. Gurke und Orange auf dem Salat anrichten. Wasser, Essig und Safran zum Sieden bringen. Eier einzeln in eine Suppenkelle schlagen und sanft ins kochende Wasser gleiten lassen. 5 Minuten pochieren. Mit einer Schaumkelle herausnehmen, abtropfen lassen. Auf dem Salat verteilen und alles mit der aus den angegebenen Zutaten fertiggestellten Sauce übergießen.
Sieht sehr dekorativ aus!

Kleine Käseplatte

Doppelrahmkäse, pikant gewürzt, Blaukäse,
Camembert und Dessertkäse, verschiedene Stücke
Schnittkäse auf einem Teller oder einem Brett
arrangieren. Mit Früchten garnieren.

Holzteller mit Aufschnitt

Sehr dünn geschnittene Salami, lokale Schinken-
und Wurstspezialitäten anrichten. Mit Senfgurken,
eingelegten Kürbiswürfeln oder Gurke garnieren.
Ein Töpfchen körnigen Senf dazustellen.

Avocados, mit Früchten gefüllt

Weiche Avocados halbieren, Kerne entfernen. Das
Fruchtfleisch vorsichtig mit einem kleinen Löffel
entnehmen und in Würfel schneiden. Frische
Früchte und Beeren, wie die Saison sie anbietet, mit
den Avocadowürfeln mischen (Früchte eventuell
würfeln). Einige Tropfen Zitrone darüberträufeln
und kurze Zeit durchziehen lassen. Dann in die
Avocadoschalen umfüllen.

Variante
Den Avocado-Fruchtsalat mit einem Gläschen
Likör anreichern, durchziehen lassen, umfüllen.

Eigene Rezepte & Notizen:

Fantastische Pausenbrote für Büro und Schule

Zunächst ein wichtiger Tip:
Pausenbrote werden am besten in Alufolie
verpackt. Sie wird nicht weich, leckt nicht und hält
den Imbiß auch bei großer Trockenheit frisch.

Buttermilchbrötchen

*250 g Weizenmehl, 1 Prise Salz, 2 TL Backpulver,
1 dl Buttermilch (evtl. etwas mehr), 2 EL Öl*

Alle Zutaten zu einem festen Teig verkneten. Den
Teig zu einer Stange rollen und in dicke Scheiben
schneiden. Mit den Händen zu Brötchen formen.
Das Backblech hauchdünn mit Öl bestreichen.
Teigbrötchen daraufsetzen und im vorgeheizten
Ofen bei mittlerer Hitze (200 Grad) 15-20 Minuten
backen.

Zum Mitnehmen
Eignet sich gut als trockenes Brötchen zu Milchge-
tränken, Kakao, Kaffee und Tee.
Oder: mit Butter bestreichen; süß bestreichen; ein
Stück Obst dazwischenklemmen; ein Stück
Schokolade hineindrücken.

Haferflockenbrot

*100 g Haferflocken, 125 g Weizenmehl, 1 TL
Backpulver, ½ TL Salz, ¼ TL Anis, 1 Stückchen
weiche Butter, 1 dl Milch*

Haferflocken, Mehl, Backpulver, Salz, Anis mischen. Butter in Flöckchen dazugeben und kneten, bis die Masse bröselt. Milch zugießen und alles zu einem festen Teig rühren. Einen Kloß formen.
Ein rundes, flaches Kuchenblech mit Haferflocken bestreuen. Kloß platt drücken, aufs Blech legen und bis zum Rand auseinanderdrücken. Mit dem Messer die Oberfläche tortengleich einritzen. Im vorgeheizten Backofen bei mittlerer Hitze (220 Grad) 15 Minuten backen.

Zum Mitnehmen
Den Brotkuchen auskühlen lassen, in Tortenstückchen schneiden. Stücke aufschneiden, mit Butter bestreichen, zusammenklappen.

Landbrot

400 g Roggenmehl, 1 TL Salz, 1 EL brauner Zucker, 40 g Hefe oder 1 Päckchen Trockenhefe, 2,5 dl lauwarmes Wasser, etwas Öl

Mehl, Salz, Zucker mischen. Hefe in dem Wasser auflösen, zum Mehl geben. Zu einem Teig verarbeiten und kräftig, ausdauernd kneten. Als Kugel in die Schüssel geben, Oberfläche mit Öl bepinseln. Mit einem Tuch bedecken und um das Doppelte des Umfanges aufgehen lassen.

Nochmals durchkneten. Teig zu einem Brotlaib
formen, diesen auf ein bemehltes Backblech legen.
Mit Klarsichtfolie abdecken und nochmals auf
doppelten Umfang bringen. Im vorgeheizten Ofen
bei mittlerer Hitze (220 Grad) 15 Minuten backen.
Dann die Hitze auf 180 Grad herunterstellen, noch
1 Stunde weiterbacken.

Zum Mitnehmen
Das Brot am besten einen Tag liegen lassen. Es
eignet sich vorzüglich für jeden herzhaften
Aufschnitt.

Das schmeckt kleinen Leuten gut:

Pausen-Bestseller

*2 Scheiben Buurebrot (besonders dunkel gebackenes
Bauernbrot), Butter, 1 Scheibe Appenzeller Käse,
1/2 Cervelat- oder Knackwurst, Senf, evtl. kleine
Kohlrabi-Schnitze*

Brot mit Butter bestreichen, mit Käse belegen.
Wurst der Länge nach in Scheiben schneiden, auf
dem Brot verteilen. Kleine Senftupfer obenauf!
Wenn vorhanden, Kohlrabi-Schnitze dazwischen-
packen. Die Brotscheiben zusammenklappen.

Klassisches Leberwurst-Brot

2 Scheiben Roggen- bzw. dunkles Brot dick mit Leberwurst bestreichen und mit Schnittlauch bestreuen. Mit dünnen Gewürzgurkenscheiben garnieren. Die Brotscheiben zusammenklappen.

Käse-Nuß-Spezial

1 Stück Baguette von ca. 10 cm, Butter, halbierte Walnüsse, Radieschen, dicke Scheiben Käse, z. B. Emmentaler oder Gouda

Das Brot der Länge nach durchschneiden, beidseitig mit Butter bestreichen. Eine Hälfte abwechselnd mit Nüssen und Radieschenscheiben belegen, mit Käsescheiben abdecken. Die Brothälften zusammenklappen.

Hamburger-Sandwich

1 weiches Brötchen mit Mohn oder Sesam, Mayonnaise, Senf, 1 Hamburger, 2 Blätter Salat

Brötchen halbieren. Eine Hälfte mit Mayonnaise, die andere Hälfte mit Senf bestreichen. Hamburger mit den Salatblättern zwischen die Brötchenhälften klemmen.

Süße Verschnaufpause

2 Scheiben Früchtebrot (siehe Seite 76), Butter,
1 Banane

Die Brotscheiben mit Butter bestreichen. Banane
der Länge nach in Scheiben schneiden, zwischen
die Brotscheiben klemmen.

Zum Mitgeben eignen sich
Apfel, geputzte Karotte, Birne.
Milch, Trinkjoghurt, Apfelsaft, Eistee in abgepack-
ten Portionen.

Das Butterbrot fällt meist auf die verkehrte Seite.
(Deutsches Sprichwort)

Das schmeckt großen Leuten:

Kräuter-Knäcke

3 Scheiben Knäckebrot (siehe Seite 15), Frischrahm-
käse, gehackte frische Küchenkräuter, einige
Scheiben Gemüse- oder Salatgurke, Salz, Pfeffer

2 Scheiben Knäckebrot mit Käse bestreichen, mit Kräutern bestreuen, mit Gurkenscheiben belegen und würzen. Knäckebrotscheiben aufeinander-schichten.

Büro-Lunch

2 Scheiben Landbrot (siehe Seite 35), Doppelrahm-käse, hauchdünne Scheiben roher Schinken, ebenfalls hauchdünne Tomatenscheiben

Beide Brotscheiben mit Käse bestreichen. Eine Hälfte mit Schinken und Tomate belegen. Zusammenklappen.

Ei-Sandwich

2 Scheiben Graubrot, Mayonnaise, 1-2 hartgekochte Eier, Salz, Pfeffer, Kapern, Petersilien-Röschen

Brotscheiben mit Mayonnaise bestreichen. Eine

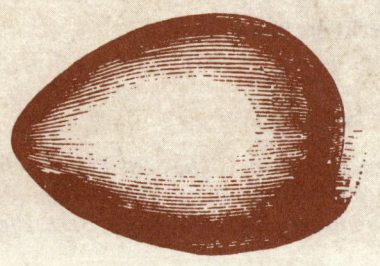

Hälfte mit Eischeiben belegen, würzen. Garnieren
mit Kapern und Petersilie. Scheiben zusammenklappen.

Fitness-Brot

2 Scheiben Vollkornbrot (siehe Seite 13), etwas
Butter, 2 EL Selleriesalat (portionsweise fertig zu
kaufen), 2 feine Orangenscheiben (je nach Jahreszeit
auch ein anderes Obst)

Beide Brotscheiben dünn mit Butter bestreichen.
Eine Scheibe Brot mit Selleriesalat belegen und mit
Orange garnieren. Mit der anderen Brotscheibe
abdecken.

Schwarz-Weiß-Happen

Je 1 Scheibe Toastbrot und Pumpernickel, Butter,
1 Scheibe Käse, z. B. Chester oder Tilsiter,
Tomatenmark, 1 Salatblatt

Toastbrot leicht antoasten und auskühlen lassen.
Beide Brotscheiben dünn mit Butter bestreichen.
Eine Scheibe mit Käse belegen, Tomatenmark als
Gewürz obenauf streichen und mit dem Salatblatt
abdecken. Brotscheiben zusammenklappen.

Dazu eignen sich zum Mitnehmen
Obst je nach der Saison, Tomate, geputzte
Gemüsestückchen, Säfte, Joghurt.

Eigene Rezepte & Notizen:

Imbiß – kalt oder warm und rund um die Mittagszeit

I. Feine Snacks

Pariser Baguettes

Was wäre Frankreich ohne seine langen, schlanken Brote — die aus weißem Mehl gebackenen Baguettes? Frisch genossen sind sie herrlich knusprig und obendrein viel mehr als nur eine Beilage. Wer sie selber backen möchte (Nichts leichter als das!), sollte allerdings die Länge bedenken: Sie müssen in den eigenen Ofen passen. Zu Baguettes harmoniert eine kleine Auswahl von Weichkäsen, zusammen mit einem Glas Wein. Oder: Sie schneiden Baguettes in 10-cm-Stücke und füllen sie.

250 g Weizenmehl, 1 TL Salz, 10 g Hefe oder
½ Päckchen Trockenhefe, 1 TL Zucker,
½ dl lauwarmes Wasser, 1 dl Milch

Mehl und Salz in einer Schüssel mischen. Hefe in dem Wasser zusammen mit dem Zucker auflösen. Zum Mehl geben und gut durchkneten. Nach und nach Milch darunterarbeiten. Weiter kneten, bis der Teig nicht mehr klebt. Den Teig zum Kloß formen, in der Schüssel, mit einem Tuch bedeckt, um das Doppelte seines Umfanges aufgehen lassen. Teig nochmals durchkneten. 2 größere oder mehrere kleinere lange, dünne Brote formen. Auf ein leicht gefettetes Blech legen und nochmals 15 Minuten aufgehen lassen.

Mit Wasser bepinseln. In jedes Brot 2 bis 3 schräge, tiefe Kerben ritzen. Im vorgeheizten Ofen bei 250 Grad 30-40 Minuten backen. Abkühlen lassen und frisch essen!

Füllungen für Baguettes

Die Baguettes in 10-cm-Stücke schneiden. Stücke halbieren und die Füllungen einklemmen.

1. Pikante Fischfüllung
1 kleine Dose Thunfisch, 2-3 Anchovisfilets, 3 kleine eingelegte Gurken (Cornichons), 1 TL Kapern, Crème fraîche
Fische, Gurken, Kapern fein hacken. Mit Crème fraîche mischen.

2. Mundig mit Wurst und Käse
Einige Scheiben gekochter Schinken, 1 Stückchen Emmentaler Käse, Zwiebelringe, Aromat, Pfeffer, Zitronensaft, Kresse
Schinken und Käse würfeln, mit Zwiebeln mischen. Mit einigen Tropfen Zitronensaft, Aromat und Pfeffer würzen. Mit Kresse bestreuen.

3. Vegetarisch und leicht
1 feste Tomate, einige frische Champignons, frische Kräuter, vor allem Dill, Salz, Pfeffer, Hüttenkäse
Tomate würfeln, Pilze in feine Scheiben schneiden. Mit gehackten Kräutern mischen. Würzen und abschmecken. 2-3 EL Hüttenkäse darunterheben.

Gott ja, was gibt es doch für Narren!
Ein Bauer schneidet sich'n Knarren
vom trocknen Brot und kaut und kaut.
Dabei hat er hinaufgeschaut
nach einer Wurst, die still und heiter
im Rauche schwebt, dicht bei der Leiter.
Er denkt mit heimlichem Vergnügen:
Wenn ick man woll, ick könn di kriegen!

(Wilhelm Busch)

4. Für Knoblauchfans

2 Knoblauchzehen auspressen und die gleiche
Menge an Knoblauchzehen in hauchdünne
Scheiben schneiden. Beide Brothälften großzügig
mit Butter bestreichen. Knoblauchsaft darüberträufeln, Knoblauchscheiben auf dem Brot
verteilen. Hälften zusammenklappen und im gut
vorgeheizten Ofen 10 Minuten backen.
Schmeckt vorzüglich zu Gemüsesuppen!

Smørrebrød

Zu den schönsten kulinarischen Weltberühmtheiten gehört zweifellos das Smørrebrød aus Dänemark. Smørrebrød – das sind raffinierte, mit viel Fantasie belegte Butterbrote. In einer dänischen Selbstdarstellung heißt es schlicht: „Die Kunst liegt darin, sämtliche verwendeten Zutaten zu einer Geschmacksharmonie und einer Augenweide zu gestalten. Fantasie, Sorgfalt, erlesene Zutaten und Schönheitssinn: Wer über sie verfügt, kann belegte Brote nach dänischer Art zubereiten . . ."
Nun, für Smørrebrød braucht man sehr dünn geschnittene Brotscheiben: am liebsten das dänische Roggenbrot, aber auch Weiß- und Schwarzbrot. Dann kommen Butter und eine dritte Zutat, für die es hunderte von sorgfältig gehüteten Rezepten gibt.

Dänisches Roggenbrot

*250 g Roggenmehl, 250 g Ruchmehl (Vollkornmehl),
1 TL Salz, 20 g Hefe oder 1 Päckchen Trockenhefe,
1 TL Zucker, 1 EL Honig, ca. 3 dl dunkles Bier*

Mehl und Salz in der Schüssel mischen. Hefe,
Zucker, Honig und wenig lauwarmes Bier
verrühren. Das Gemisch zum Mehl gießen.
Sorgfältig vermengen, nach und nach das restliche
Bier zugeben. Alles eine gute Weile und kräftig
kneten, bis ein geschmeidiger Teig entstanden ist.
Einen Teigkloß formen, mit einem Tuch abdecken
und um das Doppelte seines Umfanges aufgehen
lassen.
Den Teig nochmals durchkneten. Einen Brotlaib
formen. Diesen auf ein leicht gefettetes Blech legen
und nochmals 30 Minuten aufgehen lassen.
Mehrmals mit einem Hölzchen oder der obligatori-
schen Stricknadel einstechen. Den Brotlaib mit
Wasser bepinseln. Im vorgeheizten Ofen bei
220 Grad etwa 50 Minuten backen. Nochmals mit
Wasser bepinseln. Gut auskühlen lassen.

Hier ein paar Klassiker mit eigener Handschrift:
- Dünne Brotscheiben
- Butter (am liebsten salzige), immer bis zum
  Rand bestreichen.
1. Brot / Butter / 1 Salatblatt / Räucheraal /
   garnieren mit Rührei und Schnittlauch.
2. Brot / Butter / üppig belegen mit Krabben /
   garnieren mit Zitronenschnitzen.

3. Butter / Brot / dick bestreichen mit Doppel-
    Frischrahmkäse / garnieren mit kleinen
    eingerollten Scheiben von geräuchertem Lachs
    und mit roten Zwiebelringen.
4. Brot / Butter / belegen mit einer Scheibe
    Leberpastete / garnieren mit Mayonnaise und
    Preiselbeerkompott.
5. Brot / Butter / fächerförmig belegen mit doppelt
    geklappten Roastbeef-Scheiben / garnieren mit
    hartgekochten Eischeiben und Petersilienrös-
    chen.
6. Brot / Butter / belegen mit einem Salatblatt,
    eingerollten Heringsfilets / garnieren mit Kapern
    und Herzkirschen.
7. Brot / Butter / belegen mit einem Salatblatt,
    einer üppigen Scheibe Tilsiter Käse / garnieren
    mit Anchovis, Tomatenscheiben, gehackten
    grünen Zwiebeln.
8. Brot / Butter / belegen mit geräucherter Zunge
    in Scheiben / garnieren mit Meerrettichsahne
    und gehackten Nüssen.

Kanapees

Raffiniert und elegant, als wahrer Augen- und
Gaumenschmaus, so präsentieren sich Kanapees,
die üppig belegten Brotschnitten französischer
Kochkultur.

Für Kanapees braucht man mit Vorliebe Toast- bzw.
Vollkorn-Toastbrot oder Graubrot oder Kommiß-
brot, stets sehr dünn geschnitten. Kanapees für den
Abend werden gerne zu Dreiecken oder zu Kreisen
geschnitten. Das Brot wird dünn mit Butter oder
einem Frischkäse bestrichen. Dann folgt die dritte
Schicht, die wiederum kunstvoll garniert wird.

Hier ein paar typische Varianten:
1. Brot / Butter / mit zarten Spargeln belegen / mit
   Geflügelleber und Pfirsichschnitzen garnieren.
2. Brot / Butter / mit Geflügelsalat belegen und mit
   Kiwischeiben garnieren.
3. Brot / Kräuterbutter / mit Kalbswurströllchen
   belegen / mit grünen Oliven und Paprikaschnit-
   zen garnieren.
4. Brot / Butter / mit Salami belegen / mit
   Eischeiben, Kapern und frischen Kräutern
   garnieren.
5. Brot / Butter / mit Gänseleberpastete belegen /
   mit frischen Orangenfilets und Gelee garnieren.
6. Brot / Butter / mit zartem Eiersalat belegen / mit
   Kaviar(ersatz) und Dill garnieren.
7. Brot / Butter / grüne Zwiebelstiele zerschneiden
   und Brot damit belegen / Lachssalat dick
   auftragen / mit Zitronenscheiben garnieren.
8. Brot / Kräuter-Frischrahmkäse / mit doppelt
   geklappten Scheiben von gekochtem Schinken
   belegen / mit Melonenwürfeln oder -kugeln und
   Granatapfelkernen garnieren.

II. Warme Mahlzeiten mit Brot

Modelbrot (Kastenweißbrot)

500 g Weißmehl, 1½ TL Salz, 10 g Hefe oder
½ Päckchen Trockenhefe, 1 Prise Zucker,
3 dl Milchwasser, 100 g Butter

Mehl und Salz in einer Schüssel vermischen. Hefe und Zucker in dem lauwarmen Milchwasser (halb Milch, halb Wasser) auflösen. Nach und nach zum Mehl geben, alles zu einem Teig verarbeiten. Butter in Flöckchen auf den Teig setzen und einarbeiten. Den Teig nun auf dem bemehlten Tisch ausgiebig kneten, bis er glatt und elastisch ist. Einen Kloß formen, in die Schüssel legen, mit einem Tuch bedecken und um das Doppelte seines Umfanges aufgehen lassen.
Teig nochmals kneten, einen Brotlaib formen und diesen in eine gefettete Cakeform (Kastenform) legen. 30 Minuten kühl stellen. Im vorgeheizten Ofen bei guter Mittelhitze (220 Grad) 50 Minuten backen. Während des Backens zwei- bis dreimal mit Milch bestreichen.
Das Modelbrot eignet sich vorzüglich für Toastbrote und für das nachfolgende Rezept.

Rundstück, warm

Dieses Leib- und Magengericht aus meiner
Kindheit in Hamburg wurde, entgegen seines
Titels, stets mit Brotscheiben auf den Tisch
gebracht.
1-2 dick geschnittene Scheiben Modelbrot mit
heißen Scheiben Schweinebraten belegen. Viel
Sauce darüberschöpfen. Als Garnitur gehören
Gewürzgurken und Tomatenscheiben dazu.
Eine leckere Art, Bratenreste vom Sonntag zu
verwenden!

Cornedbeef-Sandwich

1 Scheibe Bauernbrot, ½ kleine Dose Cornedbeef,
1 EL Salatmayonnaise, Senf, Zitronensaft, Aromat,
1 Ei, Kresse

Das Cornedbeef hacken. Mayonnaise mit den
Gewürzen kräftig abschmecken, unter das
Cornedbeef mischen. Mischung auf das Brot
häufeln. 1 Spiegelei in der geschlossenen Pfanne
braten, auf dem Brot anrichten. Mit Kresse
bestreuen.

Salami-Käse-Toast

Für 1 Scheibe Toastbrot:
Etwas Butter, Salami, 1 kleine Dose geschnittene
Champignons, gratinierte Zwiebeln, Pfeffer,
schwarze Oliven, Mozzarellakäse

Das Brot hell toasten. Mit Butter bestreichen und
mit Salami belegen. Champignons abtropfen
lassen, auf die Salami verteilen, würzen mit
Zwiebeln und Pfeffer. Mit Oliven garnieren und mit
Käse belegen. Im Ofen oder unter dem Grill
überbacken.

Leber auf Toast

Für 1 Scheibe Toast- oder Modelbrot:
Butter, 2 dicke Scheiben Orange, geschält,
1-2 Scheiben Kalbsleber, Öl zum Braten, Salz,
Pfeffer, Zwiebelringe
Sauce: Bratensud, mit ½ Glas Apfelsaft oder
Weißwein aufgefüllt, aromatisch abgeschmeckt

Die Brotscheibe hell toasten. Dünn mit Butter
bestreichen. Mit Orangenscheiben belegen.
Die Kalbsleber in dem heißen Öl auf beiden Seiten
kurz braten, anschließend leicht würzen. Währenddessen auch die Zwiebelringe im gleichen Fett
dünsten. Alles auf dem Brot anrichten. Die Sauce
zubereiten und darübergießen.

Käseschnitten

Für 2 Scheiben Toast- oder Modelbrot:
100 g geriebener Käse, 1 Ei, 3 EL Milch, Paprika,
Gewürzgurken und Radieschen

Käse mit Eigelb und Milch verquirlen. Eiweiß steif
schlagen und unterziehen, dann die Brote damit
bestreichen. Mit süßem Paprika bestreuen. Nun die
Brote in eine flache, leicht gefettete Auflaufform
legen. Im vorgeheizten Ofen bei 200 Grad
10 Minuten überbacken. Mit Gurken- und
Radieschenscheiben garnieren.

Kinder mögen's am liebsten mit Tomatenketchup.
Dazu grünen Salat servieren.

Fotzelschnitten (oder „Arme Ritter")

Mehrere Scheiben Modelbrot, Fett zum Ausbacken
Für den Teig: 4 EL Mehl, 1 Prise Salz, 4 Eier,
3 dl Milch (reicht für 10 Scheiben)

Die Modelbrot-Scheiben etwa 1 cm dick schneiden,
eventuell halbieren. Aus Mehl, Salz, Eiern, Milch
einen Teig rühren, 15 Minuten stehen lassen. Die
Brotscheiben in den Teig tauchen. In heißem Fett
halbschwimmend beidseitig backen, bis die
Schnitten goldbraun sind. Auf Küchenpapier
abtropfen lassen.
Mit Zimtzucker und Apfelmus servieren.

Variante

In den Teig gehackte frische Küchenkräuter
mischen. Vollkorn- oder Grahambrot-Schnitten
ausbacken. Dazu gemischten oder Gemüsesalat
servieren.

*Brot aus Korn mit Weizen, gut gesalzen und gar
gebacken, nützt den Gedärmen, verdaut recht und
gibt Kraft und Wärme.*

(Abûbekr Ar-Râzî)

Brotsuppe
(für 4 Personen)

200 g eher dunkles Brot oder Schwarzbrot (altes Brot und Reste eignen sich auch), 2 Zwiebeln, Fett zum Dünsten, 1 l Bouillon (jede Fleisch- oder Gemüsebouillon, eventuell auch aus Würfeln), Kümmel, Salz, Pfeffer, Muskat, 1 Stückchen Butter, Rotwein oder saurer Rahm

Das Brot würfeln, die Zwiebeln hacken. Beides in Fett 3-4 Minuten dünsten. Mit Bouillon auffüllen. Schmackhaft würzen. 20 Minuten leicht kochen. Suppe durch ein Sieb streichen, die Butter zugeben und aufkochen. Abschmecken mit ½ Glas Rotwein oder 2-3 EL saurem Rahm.
Dazu geriebenen Käse servieren.
Einlage: Würstchen in Röllchen schneiden und einige Minuten in der Suppe ziehen lassen.

Eigene Rezepte & Notizen:

Picknick – im Freien und rund ums Feuer

Schlangenbrot über dem offenen Feuer

1 Portion Brotteig (z. B. Zopfteig, siehe Seite 10)
gut verpackt mit in die Natur nehmen. Am
Picknickplatz Stöcke suchen und anspitzen. Den
Teig zu Rollen von etwa 2 cm Durchmesser und
40 cm Länge formen. Spiralförmig um die Stöcke
wickeln. Über der Glut des Feuers langsam backen.
Das braucht ein wenig Geduld: Die Stöcke nicht zu
nahe an die Glut halten, und immer drehen, damit
die Brote möglichst gleichmäßig und gut durchge-
backen sind.

Maisbrot

1 Tasse Maisgrieß (mittelfein), 1 Tasse Mehl,
1 TL Salz, 1 Prise Zucker, 1 EL Backpulver, 1 Ei,
1 Tasse Milch, 50 g flüssige Butter, 1 große Zwiebel
und Fett zum Dünsten, 100 g geriebener Käse (z. B.
Emmentaler oder Sbrinz)

Maisgrieß, Mehl, Salz, Zucker, Backpulver in einer
Schüssel vermischen. Ei, Milch, Butter zugeben
und vermengen. Die Zwiebel sehr fein hacken und
goldbraun dünsten. Mit dem Käse zum Teig geben
und sorgfältig mischen. Eine Cakeform (Kastenform) einfetten und den Teig hineinfüllen. Im
vorgeheizten Ofen bei 220 Grad etwa 25 Minuten
backen. Der obere Teil soll hellbraun werden.

Zum Mitnehmen fürs Picknick
Auskühlen lassen, in Alufolie einpacken. Später in
dicke Scheiben schneiden.

Nussenbrötchen (Schweizer Rezept)

250 g Grahammehl, 250 g Ruchmehl (Vollkorn-
mehl), 2 TL Salz, 20 g Hefe oder ½ Päckchen
Trockenhefe, 3 dl warme Milch, 1 kleines Stück
Butter, 2 EL Öl, 100 g gemahlene Haselnüsse,
1 Handvoll grobgehackte Walnüsse

Mehl und Salz in einer Schüssel mischen. Die Hefe
in der Milch auflösen, Butter und Öl dazurühren.
Zum Mehl geben, verarbeiten und zu einem glatten
Teig kneten. Einen Teigkloß formen, der über
Nacht im Kühlschrank aufgehen sollte.
Nochmals durchkneten, und nun die gemahlenen
sowie die gehackten Nüsse dazukneten. Kleine
Brötchen formen. Auf einem gefetteten Backblech
30 Minuten aufgehen lassen. Im vorgeheizten Ofen
bei 220 Grad 20 Minuten backen, dann die Hitze
reduzieren und bei 180 Grad 20 Minuten weiterbak-
ken. Die Brötchen nach dem Backen sofort mit
Wasser bepinseln.

Köstlich fürs Picknick
Die Nussenbrötchen schmecken zu Salaten und zur
Wurst.

Nützlicher ist Brot mit fröhlichem Herzen als Reichtümer mit Kummer.

(Ägyptisches Sprichwort)

Gefülltes Pariser Brot

1 Pariser Brot (siehe Seite 46, jedoch nicht lang, sondern kurz und dick formen), 1 hartgekochtes Ei, 1 mittelgroße Gewürzgurke, 1 Dose Thunfisch in Öl (200 g), 100 g weiche Butter, Aromat, Pfeffer, Oregano, Milch und Gurkenwasser

Vom Brot beide Enden abschneiden. Mit einem langen Messer das weiche Brotinnere von der Rinde lösen. Das Brot aushöhlen mit Hilfe eines Kochlöffelstiels.

Das Brotinnere in einer Schüssel zerbröckeln. Ei hacken, Gurke würfeln, Thunfisch abtropfen lassen und zerpflücken. Alles mit der Butter zum Brot geben. Eine cremige Masse rühren. Würzig abschmecken und eventuell mit etwas Gurkenwasser und Milch saftiger machen.

Die Brothülle senkrecht auf die Tischplatte stellen und die Masse einfüllen: am besten von beiden Seiten, dabei die Masse mit einem Löffel fest eindrücken.

Das gefüllte Brot in Alufolie wickeln und 2 Stunden
in den Kühlschrank legen. Am Picknickplatz in
dicke Scheiben schneiden.
Es ist sehr beliebt bei Kindern!

*Wer trocken Brot mit Lust genießt,
dem wird es gut bekommen.
Wer Sorgen hat und Braten ißt,
dem wird das Mahl nicht frommen.*

(J. W. von Goethe)

Familien-Sandwich

1 Pariser Brot der Länge nach durchschneiden.
Jede Hälfte mit Kräuterbutter bestreichen.
Tomaten, frische Champignons, zarte Teile vom
Stangensellerie, gefüllte grüne Oliven klein
schneiden. Fetá-Käse (griechischer oder bulgari-
scher Schafskäse) würfeln. Die untere Hälfte des
Brotes nun bunt gemischt belegen, mit der oberen
Hälfte abdecken.
In Alufolie einwickeln. Das recht erfrischende
Sandwich schmeckt herrlich zu Bratwürsten. Sie
teilen es in Portionen auf, oder es geht von Hand zu
Hand und jeder darf einen kräftigen Biß tun.

Schinken-Taschen

*1 Paket tiefgefrorener Blätterteig (300 g), 1 Eigelb,
2 EL Milch
Für die Füllung: 100 g gekochter Schinken, 1 Bund
Schnittlauch, 2 EL Sahne-Quark, 1 EL Tomatenketchup, Salz, Pfeffer, Paprika*

Den Schinken würfeln, Schnittlauch fein schneiden.
Beides mit dem Quark und dem Ketchup mischen.
Würzig abschmecken.
Den Blätterteig auf dem bemehlten Tisch ausrollen
und in Quadrate schneiden. In die Mitte jedes
Teigquadrates einen gehäuften Eßlöffel Schinken-
masse geben. Die Teigquadrate zu Dreiecken
zusammenklappen. Die Ränder fest andrücken.
Ei und Milch verquirlen. Die Schinken-Taschen
damit bepinseln. Auf ein mit Wasser ausgespültes
Backblech legen und im vorgeheizten Ofen bei
220 Grad 20-25 Minuten backen. Vorsichtig mit
einem Pfannenmesser lösen und zum Mitnehmen
auskühlen lassen.
Eine feine Überraschung! Die Schinken-Taschen
lassen sich am sichersten in einem Plastikbehälter
transportieren. Auspolstern mit Küchenpapier!

Den, der wirklich Hunger hat,
dünkt das trockene Brot Salami. (Sprichwort aus Italien)

Was noch alles ein Picknick bereichert
- Kartoffel- und andere Salate / weichgekochte Eier / Sandwiches
- Gebratene Hühnerkeulen / Salami / Landjäger / andere Hartwurst
- Ein Stückchen Käse und auch Weichkäse
- Geputzte Karotten und anderes rohes Gemüse / Tomaten
- Früchte aller Art, vorher gewaschen
- Bürli (Bauernbrötchen mit sehr dunkler Kruste), Laugenbrötchen und -brezeln

Das eignet sich gut zum Braten über dem offenen Feuer
- Würste wie Cervelat, Knackwurst
- Maiskolben / Kartoffeln in Alufolie / gefüllte Bratäpfel in Alufolie

Das eignet sich gut zum Grillieren auf dem Rost
- Wurst am Meter / Hamburger / kleine Koteletts vom Schwein und vom Lamm / Tomaten

Beliebte Getränke
- Roter Landwein / Kaffee aus der Thermoskanne / Säfte in verschiedenen Packungen und Größen / Eistee / Fruchttee mit Zitrone / Dosen mit Erfrischungsgetränken

Eigene Rezepte & Notizen:

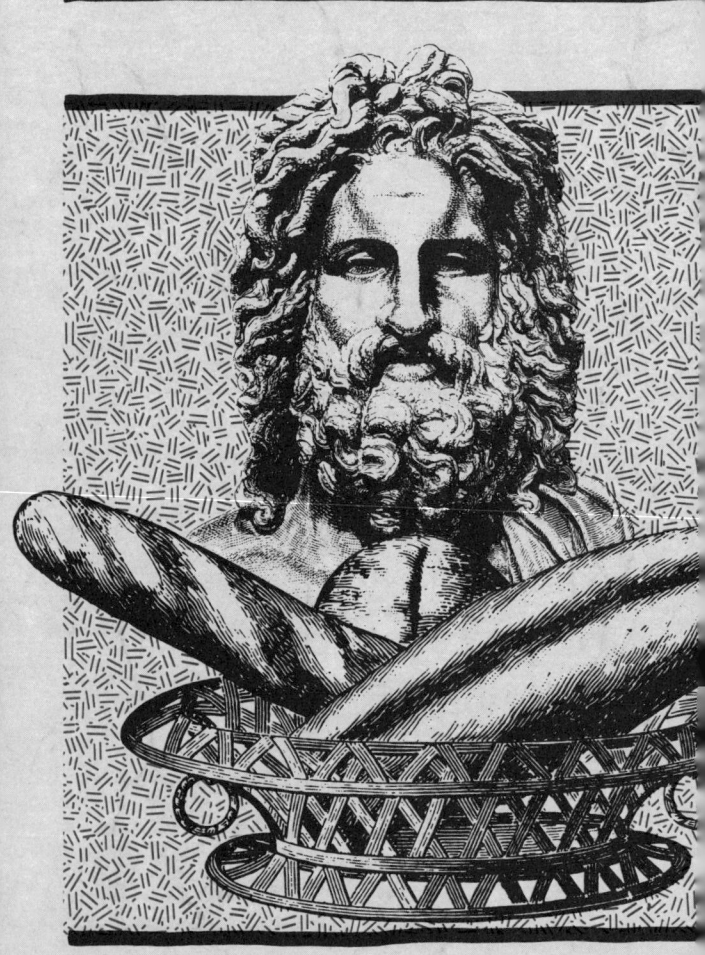

„Klassische" Brotzeiten

Zum 5-Uhr-Tee

1. Früchtebrot

500 g fertige Brotmischung (damit's schneller geht!),
je 100 g getrocknete Zwetschgen, Feigen,
je 1 Handvoll getrocknete Aprikosen, ganze
Haselnußkerne, grobgehackte Walnüsse

Den Teig nach Vorschrift auf der Packung zubereiten und gehen lassen. Die getrockneten Früchte
klein schneiden und zusammen mit den Nüssen
unter den Teig kneten. 30 Minuten ruhen lassen,
dann in eine leicht gefettete Cakeform (Kastenform) füllen. Im vorgeheizten Ofen bei 180 Grad
etwa 50-60 Minuten backen. Falls die Früchte an
der Oberfläche dunkel werden, das Brot mit
Alufolie abdecken.
Dieses schmackhafte Früchtebrot schmeckt
vorzüglich mit Butter bestrichen.

2. Brioches

30 g Hefe oder 1½ Päckchen Trockenhefe,
2 dl lauwarme Milch, 500 g Mehl, 1 TL Salz,
2 EL Zucker, 200 g Butter, 2 Eier und 1 Eigelb,
Eiweiß und nochmals 1 Eigelb

Die Hefe in der Backschüssel in Milch auflösen.
Einen Teil des Mehls, Salz, Zucker, die Hälfte der
Butter (in Flöckchen), Eier und Eigelb dazugeben.

Alles zu einem Teig verarbeiten. Restliches Mehl nach und nach in den Teig einkneten. Dann weiterkneten, bis der Teig sehr geschmeidig ist. Mit einem Tuch abdecken und aufgehen lassen. Den Rest der Butter in Flöckchen unter den Teig kneten. 2 Stunden zugedeckt in den Kühlschrank stellen. Den Teig in etwa 20 Stücke teilen. Von jedem Teil ein nußgroßes Stück abschneiden. Große und kleine Bälle formen. Die großen Bälle in ausgefettete Brioche-Förmchen (oder andere Förmchen) setzen. In die Mitte jeweils eine Vertiefung drücken. Diese mit Eiweiß bepinseln und die kleinen Bällchen obenauf drücken. Brioches mit Eigelb bepinseln und im vorgeheizten Backofen bei 200 Grad 20-30 Minuten backen.

Die Brioches, in der Schweiz üblicherweise zur Teezeit genossen, schmecken – noch handwarm – natürlich auch zum Frühstück.

Variante
Aus dem Teig ein pikantes Brioche-Brot backen: den Zucker weglassen, dafür mit feingehackten Trüffeln anreichern. Eine besondere Überraschung zum Brunch!

Bayerische Wurst-Brotzeit

1 kräftiges Stück warmer Leberkäs, je 1 Stück Weißwurst, Leber- und Blutwurst, Landjäger, süßer Senf
Zum Garnieren: Rettich, Radieschen, Petersilie

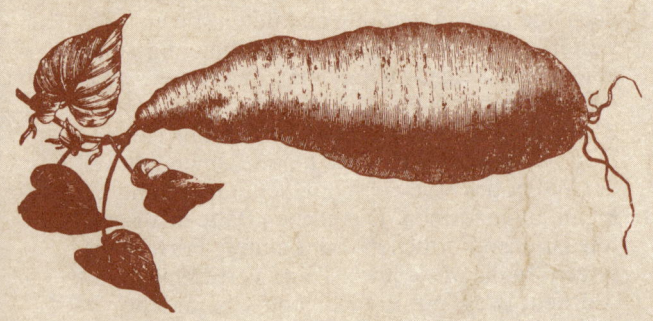

Die Wurstsorten auf einer Holzplatte nett
anrichten. Immer gehört der „Radi" dazu, der
weiße Rettich, der zur hübschen Garnitur zählt.
Man ißt Brezeln dazu oder Semmeln oder
Hausbrot. Und was auch nicht fehlen darf: eine
Maß bayrisches Bier.

Fränkische Brotzeit

*Je 1 Stück Preßwurst, Blutwurst, Leberwurst, Speck
oder roher Schinken in Scheiben, 1 Stück Käse:
Obatzler oder Bierkäse*

Alle Dinge hübsch auf einer Holzplatte arrangieren.
Dazu schwarzes Bauernbrot servieren. Es versteht
sich, daß Wurst und Brot aus dem Fränkischen sind.
Dazu gehört ein klarer Schnaps.

Pfälzer Bauernschmaus

Je 1 dicke Scheibe Blutwurst, Leberwurst, Schwar-
tenmagen, 1 oder 2 Landjäger, Senf
Zum Garnieren: Gewürzgurke, Radieschen

Alle Zutaten hübsch auf einem Holzbrett anrichten
und garnieren. Dazu gehört ein kräftiges Bauernbrot, serviert bei einem Schoppen Pfälzer Wein.

Westfälische Schinkenplatte

Zu gleichen Teilen in Scheiben geschnittener roher
westfälischer Schinken und gekochter westfälischer
Schinken, Butterkugeln
Zum Garnieren: Salatblatt und Radieschen

Schinken und Butter auf einer Holzplatte hübsch
anrichten und garnieren.
Dazu werden Schwarzbrot und Pumpernickel
serviert. Und, was beim Dämmerschoppen nicht
vergessen werden darf, es gehören ein echtes
westfälisches Bier sowie ein Steinhäger dazu.

Jedes Land hat seine Sitten,
jeder Bauch sein Maß.
(Deutsches Sprichwort)

Schwarzwaldvesper

Schwarzwälder Schinken, durchwachsener Bauchspeck, Schwarzwälder Rauchfleisch, 1 Stück geräuchertes Forellenfilet

Alles hübsch auf einer Holzplatte anrichten und mit Eivierteln, mit Zitrone und Petersilie garnieren. Dazu gehört ein typischer Obstler (wie Kirschwasser) oder ein Schoppen badischer Wein.

Café complet

Zum Schweizer Brotteller, der vielerorts als Nachtmahl eingenommen wird, gehören:

Frisches, meist dunkles Brot (z. B. Puschlaver Ringbrot, Bergbauernbrot oder Walliser Brot), Butter, verschiedene Käsesorten (z. B. Emmentaler, Appenzeller, Talleggio, Bergkäse), Konfitüre

Dazu wird Milchkaffee getrunken.

Bäcker sind die besten Baumeister, sie bauen aus kleinen Semmeln große Häuser.
                                        (Deutsches Sprichwort)

Brettljause

Zur österreichischen Brotzeit gehören:

Herzhaftes Graubrot, Salami, Selchfleisch (Suppen-bzw. Siedfleisch), 1 Stück Käse, hartgekochte Eier, Gewürzgurken

Man serviert die Brettljause gern auf runden Portions-Holzbrettern und trinkt den Heurigen dazu oder auch einen Bauernschnaps.

Eigene Rezepte & Notizen:

Vom frühen Abend
bis in die späte Nacht

I. Der Apéro (oder: Aperitif)

Zum Aperitif trifft man sich meist am frühen
Abend: sei's zu einer Kollegenfeier bei Büroschluß,
zur Vernissage, zum Jubiläumstrunk oder auch kurz
vor dem Diner, dem Abendessen. Es werden
Platten mit Appetithappen gereicht. Schälchen mit
eingelegten Oliven, mit Salzgebäck und Käsestan-
gen machen die Runde. Dazu trinkt man leichte
Weine, Orangensaft und Mineralwasser.

Anchovishappen

*Ausgetrocknete Weißbrotscheiben, Anchovisfilets
(oder Anchovispaste), Olivenöl, Essig, Knoblauch-
zehe(n), Pfeffer*

Die Anchovisfilets mit einer Gabel zerquetschen.
Eine Sauce aus Öl, Essig, durchgepreßtem
Knoblauch, Pfeffer anrühren, mit dem Anchovis
vermischen. Diese Paste auf die Brotscheiben
streichen. Brote vierteln. Im vorgeheizten Ofen bei
220 Grad kurz überbacken.

Medaillons

Sie sind wie Kanapees (Seite 51ff.) aus Toastbrot,
jedoch rund oder oval und etwa 4 cm im Durchmesser. Medaillons werden getoastet, bestrichen und

belegt und hübsch garniert. Man sollte sie eventuell mit Holzstäbchen versehen.

Fantastischer Medaillonbelag
- Kräuterbutter, Schinkenröllchen, Herzkirschen
- Butter, Eierscheiben, Eier-Creme (Spritzbeutel benützen), Avocadowürfel
- Mais-Paprika-Salat, Roastbeefscheibchen, Walnußhälften
- Butter, Käsewürfel, Gewürzgürkchen, Mayonnaisetupfen
- Butter, Blaukäse, Mandarinenschnitze
- Frischkäse, Krabben, zarte Küchenkräuter

Bunte Kräcker — Pumpernickeltaler — kleine Zwiebäcke

Kräcker, Zwiebäcke und die aparten schwarzen Pumpernickelrondelle werden in gleicher Weise wie die Medaillons belegt: farbenfroh mit allerlei Köstlichem, von Butter über Belag bis hin zu Früchten und Kräutern. Der kulinarischen Fantasie sind da kaum Grenzen gesetzt.

Es gibt kein Stückchen Brot in der Welt, an dem nicht Religion, Politik und Technik mitgebacken hätten.

(Heinrich Eduard Jacob)

Leberspießchen

Geflügelleber braten, würzen, auf Küchenpapier
abtropfen lassen, in Portiönchen teilen. Auf
Medaillons aus dunklem Brot anrichten. Mit
Kiwi-Scheiben garnieren. Zusammenhalten mit
Cocktail- bzw. Holzspießchen.

Pumpernickel-Törtchen

*3-4 Scheiben Pumpernickel, verschiedene Sorten
Frischrahmkäse, z. B. mit französischen Kräutern,
mit Senf, mit Paprika, milder Käse in Scheiben*

Die Brotscheiben abwechselnd mit den verschiedenen Käsesorten bestreichen bzw. mit Käse belegen.
Übereinander legen. Die Brot-Torte mit einem
Holzbrett beschweren, damit sich die Scheiben
nicht biegen. Mindestens 1 Stunde in den Kühlschrank stellen. Vor dem Servieren mit einem
scharfen Messer Tortenstücke schneiden. Oder man
teilt in Rechtecke bzw. Quadrate ein.

Kümmel- und Mohngebäck

*1 Packung Blätterteig (vorgeschnitten), 1-2 Eigelb,
100 g ungemahlener Mohn oder Kümmel*

Die gefrorenen Blätterteigscheiben auseinanderlegen und antauen lassen. Die Platten in 1-2 cm breite

Streifen schneiden und diese korkenzieherartig
drehen. Mit Ei bepinseln. Anschließend mit Mohn
oder mit Kümmel bestreuen. Auf ein kalt abgespül-
tes Backblech legen und im vorgeheizten Ofen bei
200 Grad etwa 20 Minuten backen.

Variante
Teig in kleine Quadrate schneiden, mit Käse dick
bestreuen, dann zu Dreiecken zusammenklappen.
Mit Ei bepinseln und backen.

II. Erst mit Brot
  wird die Wurst zum Genuß

Roggen-Ringbrot

350 g Roggenmehl, 150 g Weißmehl, 1½ TL Salz,
je 1 Messerspitze Zucker und Anis, 20 g Hefe oder
1 Päckchen Trockenhefe, 2,5-3 dl Wasser, 1 EL Öl,
1 EL Joghurt natur

Mehl, Salz, Anis, Zucker in einer Schüssel mischen.
Die Hefe in dem Wasser auflösen, Öl dazurühren.
Flüssigkeit zum Mehl geben, verarbeiten. Joghurt
zugeben. Alles zu einem geschmeidigen Teig
kneten. Diesen abdecken und um das Doppelte
seines Umfanges aufgehen lassen.
Eine Teigrolle formen und zu einem Ring zusam-
menfügen. Mit Mehl bestäuben. Mehrmals mit

einer Gabel einstechen. Den Teig nochmals
30 Minuten aufgehen lassen. Auf ein gefettetes
Blech legen und im vorgeheizten Ofen bei 200 Grad
rund 1 Stunde backen.

Olivenbrot

500 g Mischmehl, 1 TL Salz, ½ EL Essig, 20 g Hefe
oder 1 Päckchen Trockenhefe, 2,5-3 dl Wasser,
1 EL Öl, 100 g schwarze oder grüne Oliven
(entkernt)

Mehl und Salz in eine Schüssel geben. Hefe in dem
Wasser auflösen, Öl und Essig dazurühren. Die
Flüssigkeit zum Mehl gießen, verarbeiten. Die
Oliven vierteln und ebenfalls in den Teig arbeiten.
So lange kneten, bis der Teig geschmeidig ist, dann
mit einem Tuch abdecken und um das Doppelte
seines Umfanges aufgehen lassen.
Nach Belieben 1 oder 2 Brote formen. Diese auf ein
gefettetes Blech legen, nochmals 30 Minuten
aufgehen lassen. Mit Milch oder Öl bepinseln. Im
vorgeheizten Ofen bei 220 Grad etwa 45 Minuten
backen.

Kümmel-Käse-Brötchen

*500 g Weißmehl, 1 TL Salz, 1 EL Kümmel, etwas
Pfeffer, 20 g Hefe oder 1 Päckchen Trockenhefe,
3 dl lauwarmes Milchwasser (halb/halb), 1 EL Öl,
200 g Emmentaler Käse (sehr fein gewürfelt)*

Mehl, Salz, Kümmel, Pfeffer in einer Schüssel
mischen. Hefe in Milchwasser auflösen, Öl
dazurühren. Alles zum Mehl geben und verarbeiten. Nun den Käse unter den Teig mengen. Einen
geschmeidigen Teig kneten, mit einem Tuch
abdecken und um das Doppelte seines Umfanges
aufgehen lassen.
Den Teig in längliche Rollen formen. Diese in
Stücke schneiden und kleine Brötchen formen. Auf

ein gefettetes Blech legen. Oben leicht einschneiden (Kerbe). Nochmals 30 Minuten aufgehen lassen. Mit etwas Milch bepinseln und mit Kümmel bestreuen. Im vorgeheizten Ofen bei 200 Grad ca. 30 Minuten backen.

Wurst- und Käse-Platten

Erst mit Brot wird die Wurst zum Genuß. Gemeint ist: Stellen Sie verschiedene Sorten Brot in den Mittelpunkt des Abendbrot-Tisches. Zum Beispiel Brot, wie es hier, zusammen mit Rezepten, vorgestellt wird. Oder Schrot-Brot, Bauernbrot, Vollkornbrot, Buttermilchbrot u. a.
Eine **Kalte Platte** mit verschiedenen Wurstsorten steht dem gut an. Auch eine **Käseplatte** mit Weich- und Hartkäse, mit regionalen Spezialitäten wie Harzer Käse, Hobelkäse, Zieger Käse ist delikat. Und zwischendrin stehen Schüsselchen mit Perlzwiebeln, eingelegten Maiskölbchen, Oliven. Fein und erfrischend ist ein gemischter Ackersalat.

Brot-Spieße

Geröstete grobe Weißbrotwürfel, Schinkenwurst, Hartkäse, Gewürzgurken, Silberzwiebeln, eingelegte Paprika-Stückchen, Senf

Wurst und Käse würfeln. Auf die Wurstwürfel kleine Senftupfer setzen. Gurken in Röllchen

schneiden. Alle Zutaten abwechselnd auf große
Holzstäbe (beim Metzger zu bekommen) spießen.
Dazu Remoulade oder Sahnemeerrettich oder
Tomatenketchup reichen.

Tatar-Buffet

Pro Person: 100 g Tatar, 1 Eigelb
Außerdem: Zwiebelringe, feingehackte Zwiebeln,
Kapern, feingehackte Gewürzgurke, Sardellenfilets,
gehackte Petersilie, Salz, Pfeffer aus der Mühle,
scharfer Paprika, Cognac

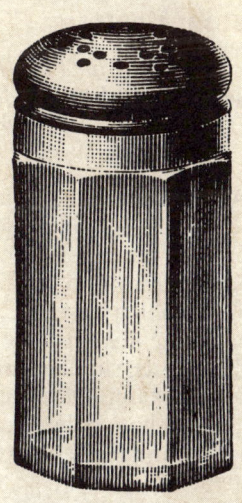

Tatar auf einer Platte anrichten, mit Zwiebelringen dekorieren. Eigelb in Eischalenhälften auf den Rand des Tatars setzen. Alle anderen Beigaben — von Zwiebeln bis Petersilie — in Schälchen anrichten. Gewürze und Cognac auf den Tisch stellen. Jeder Tischgast kann sich so seine Portion Tatar nach Belieben würzen und mit den verschiedenen Zutaten ergänzen.
Vielerorts reicht man Toastbrot und Butter dazu. Auch steht wohl frisches Bauernbrot auf dem Tisch.

Schweinefilet im Brotteig

250 g fertige Backmischung für Hefe-Brotteig, 1 Schweinefilet von ca. 400-500 g, milder Senf, Pfeffer, Öl zum Braten, 300 g Bratwurstmasse, Oregano, 1 Eigelb und 1 EL Wasser

Den Teig nach Anweisung auf der Packung zubereiten und aufgehen lassen. Inzwischen das Schweinefilet mit Senf einreiben. Mit Pfeffer würzen. In heißem Öl kurz und kräftig von allen Seiten anbraten. Abkühlen lassen.
Den Teig auf dem bemehlten Tisch so groß ausrollen, daß das Fleisch rundherum darin eingeschlagen werden kann. Die Bratwurstmasse auf die Teigplatte streichen, dabei einen etwa 2 Finger breiten Streifen rundherum frei lassen. Mit Oregano bestreuen.

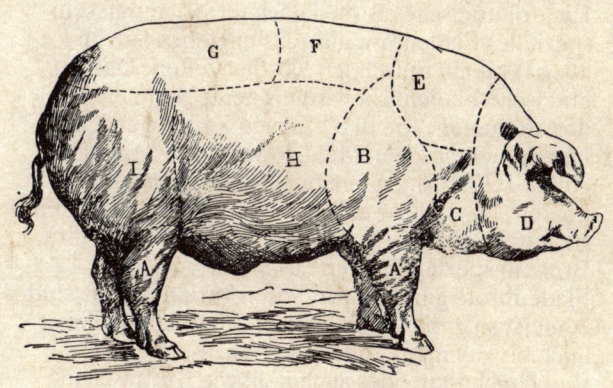

Das Schweinefilet auf die Teigplatte legen, und den
Teig einschlagen. Die Enden rundherum gut
zusammendrücken.
Das Backblech mit Öl bestreichen. Das Fleischpa-
ket – mit der Teignaht zur Seite – auf das Blech
setzen. Eigelb und Wasser verquirlen und den Teig
bestreichen. Im vorgeheizten Ofen bei 220 Grad
etwa 50 Minuten backen.
Dazu gehört ein knackiger Salat, zum Beispiel ein
Nüßli- oder Ackersalat, garniert mit gehacktem Ei.

Variante
Anstelle des Brotteigs einen Blätterteig verwenden.

III. Orientalisches Buffet

Ein orientalisches Buffet zeichnet sich durch sein
spezielles Fladenbrot aus, das umgeben ist von
allerlei pikant duftenden Köstlichkeiten. Das
arabische Fladenbrot wird bis heute, vor allem bei
den Beduinen, wie in biblischen Zeiten gebacken:
Die Frauen mischen Mehl, Wasser und Salz zu
einem Teig, formen mit viel Geschick hauchdünne
Fladen, legen diese auf heiße Steine und bedecken
sie mit Asche. Die arabischen Bäcker backen ihre
Brote in speziellen Öfen aus Stein.
Fladenbrote gibt es in zahllosen Varianten. Sie sind
zumeist so groß wie Frühstücksteller, können aber
auch bis zu einem Meter Durchmesser haben. Sie
sind hauchdünn oder auch hohl wie Brottaschen.
Am allerbesten schmecken sie ganz frisch und noch
warm. In Libanon heißen sie Khobz, in Ägypten
Eish Shami, in Israel Pitah.

Pitah

*Für 8 Pitah: 20 g Hefe, ½ TL Zucker, 1½ Tassen
lauwarmes Wasser, 5 Tassen Roggenmehl,
½ TL Salz, Öl*

Hefe und Zucker in dem Wasser auflösen. Stehen
lassen, bis sich Blasen bilden. Mehl und Salz
mischen. Flüssigkeit nach und nach zugeben,
ebenfalls 1 EL Öl. Einen Teig kneten, in eine Kugel
formen, in Öl wälzen.
Zugedeckt 1 Stunde aufgehen lassen.

Teig wieder kneten. 8 kleine Kugeln formen. Diese
nochmals 30 Minuten aufgehen lassen, dann mit
Mehl bestäuben, etwa untertassengroß ausrollen.
Fladen auf ein gefettetes Blech (evtl. 2 Bleche)
legen, mit etwas Raum dazwischen, so daß sie sich
beim Backen entfalten können. Nochmals
zugedeckt 30 Minuten ruhen lassen. Im sehr gut
vorgeheizten Ofen bei 225 Grad ca. 15 Minuten
backen. Die Pitah sollen aufgehen und hellbraun
aussehen.
Aus dem Ofen nehmen. Jede Pitah in Alufolie
einschlagen. Nach 15 Minuten ist das Brot
ausgekühlt und zusammengefallen. Im Innern ist
eine Luftblase entstanden. Diese Pitah ist ideal zum
Füllen: 2-3 cm wegschneiden und vorsichtig öffnen.

Variante
Teig mit Thymian und Sesamsamen würzen.

Beliebte Pitah-Füllungen
- Falafelkugeln (Seite 100), Tahina (Seite 101),
  Türkischer Salat (rassig gewürzte Tomatensauce,
  kalt), diverse Mixed Pickles
- Fetá-Käse (Schafskäse), viele feingehackte
  grüne Zwiebeln, Gurken- und Tomatenwürfel,
  einige Tropfen Olivenöl
- Grüne Salatblätter, Fischsalat, schwarze Oliven
- Geraspelte Kohlblätter, gewürfeltes Hühner-
  fleisch, eingelegte Auberginen, Tahina
- Fleischplätzchen (Lamm) oder Kabab oder
  Schawarma, Türkischer Salat, Mixed Pickles

Jemenitisches Fladenbrot

4 Tassen Roggenmehl, 1¼ Tassen Wasser, ½ TL Salz,
200 g Butter, Öl

Mehl, Wasser, Salz mischen. Einen glatten Teig
kneten. Den Teig in zwei Hälften teilen. Jedes Teil
auf etwa 45 x 45 cm ausrollen. Beide Teile wiederum
vierteln. Die Butter gleichmäßig auf alle Teile in

Flöckchen verteilen. Jedes Teil zusammenschlagen
und Teigbälle formen. Zwei Stunden im Kühlschrank ruhen lassen. Dann zu kleinen runden
Teigplatten ausrollen.
Etwas Öl in die Pfanne geben. Die Brote nach und
nach von beiden Seiten goldbraun backen.
Währenddessen die Pfanne mit dem Deckel
schließen.

Dieses Fladenbrot eignet sich nicht zum Füllen, wohl aber ausgezeichnet zum Dippen der rassigen, cremigen Salate.

Fladenbrot ist nicht nur im Orient zu Hause. Aus Finnland und Lappland sind uns beispielsweise schmackhafte Rezepte überliefert, von denen man weiß, daß sie über heißen Steinen gebacken wurden. In Schweden ist Fladenbrot aus gemauerten Öfen populär. In Südamerika werden vorwiegend Maisfladen gegessen.

Arabisches Fladenbrot hat sich bei uns unter verschiedenen Namen eingebürgert, u. a. Libanesisches Fladenbrot, Brottaschen, Bruzzito. Man erhält das Brot in Spezialläden oder in international geführten Lebensmittelabteilungen der Warenhäuser.

Pikant und eigenwillig gewürzt sind die Beigaben zu einem orientalischen Buffet, und sie werden in Schüsseln serviert: Falafel, Fleischbällchen (Kabab), cremige Saucen (Dips), Salate in Form von mariniertem Gemüse, Mixed Pickles, Oliven in vielfältigen Schattierungen. Hier ein paar Kostproben.

Falafel

Falafel sind kleine braune Kugeln aus Kichererbsenbrei, Burghul und Gewürzen. Fertige Mischungen

findet man in Spezialläden mit Angeboten aus dem
Vorderen Orient und in Warenhäusern mit
international geführten Lebensmittelabteilungen
(z. B. mit Produkten aus Israel).

Kabab

Kabab sind kleine Hackfleischstückchen oder
-bällchen aus Lammfleisch. Das Hackfleisch wird
gewürzt mit Pfeffer, Salz, gemahlenem Kümmel,
Thymian, Zwiebeln, Knoblauch und Pfefferscho-
ten.

Tahina

Tahina ist eine Creme aus gemahlenen Sesamsamen
und Wasser. Man kann sie in Gläsern und Töpfen
kaufen (siehe unter Falafel). Eine typische
orientalische Spezialität, die als Vorspeise, als
Salatsauce zu Fleisch und Fisch und als Dip mit
Fladenbrot gegessen wird.

Würz-Varianten
- Zerdrückte Knoblauchzehen, Salz, Zitronen-
  saft, Kümmel
- S'chug (scharfe jeminitische Gewürzmischung)
  oder Harissa (ähnliche Gewürzmischung aus
  Nordafrika) und gemahlener roter Pfeffer
- Knoblauch, Prise Zucker, Zitronensaft,
  gemahlene Walnüsse

Kichererbsen-Püree

Die haselnußgroßen maisfarbenen Erbsen gibt es in
besten Qualitäten und bereits eingeweicht in
Gläsern und Dosen (siehe unter Falafel). Sie
werden etwa 1 Stunde gekocht, dann zusammen mit
etwas Einweichwasser und Zitronensaft püriert.
Abschmecken mit Tahina, Zitronensaft, Knoblauch. Servieren auf kleinen Tellern mit Olivenöl
und gehackter Petersilie. Herrlich zum Dippen!

Auberginen-Püree

Kleine Auberginen als ganze Früchte im Ofen
grillen. Mit spitzem Messer die Haut abziehen.
Grob zerschneiden. In einem Sieb die Feuchtigkeit
ausdrücken. Sehr fein hacken, Tahina zugeben.
Cremig schlagen (im Mixer pürieren). Abschmek-
ken mit Zitronensaft, Knoblauch und Salz. Herrlich
zum Dippen!

Auberginen in Joghurt

2-3 Auberginen in Scheiben schneiden. 30 Minuten
in Salzwasser legen. Abwaschen und abtrocknen.
Scheiben beidseitig mit Öl bepinseln. Auf einem
Blech im Ofen beidseitig sehr heiß braun backen.
1 Becher Joghurt (oder mehr) mit gehackten
Knoblauchzehen mischen. Würzen mit Salz,

Pfeffer, reichlich gehackter Minze, hauchdünnen Zwiebelringen. Auberginenscheiben in der Sauce mindestens einen halben Tag marinieren (im Kühlschrank). Wunderbar zum Naschen und zum Pitah-Füllen.

Marinierte Auberginen

Auberginen schälen, in Scheiben schneiden, 30 Minuten in Salzwasser einweichen. Abwaschen und abtrocknen. In ein Weckglas schichten. Dazwischen Oregano streuen und zerdrücktes Knoblauchfleisch. Mit Olivenöl auffüllen. Die Früchte müssen mit Öl bedeckt sein. Eine Woche durchziehen lassen. Ein orientalisches Küchenjuwel!

Eingelegte Zitronen

Kleine saftige Zitronen in Scheiben schneiden. Beidseitig leicht salzen. In einen Topf legen und diesen gut schließen. Mindestens eine Woche durchziehen lassen.

Eigene Rezepte & Notizen:

Brot-Diät für jemanden, der gerne ißt

Zur Anregung

Nichts essen „wegen der Linie" ist ungesund!
Richtig essen ist zweifellos gesünder und regelt das
Gewicht, so man will. Mit einer Brot-Diät kann
man sich erstaunlich schlank erhalten und
gleichwohl beim Essen genießen. Vorausgesetzt
natürlich, der Appetit kennt seine Grenzen.
Mit der Brot-Diät ist eine gemischte, kalorienredu-
zierte Vollkost mit hohem Brotanteil gemeint.

● **Sie erlaubt:** Brot, Kartoffeln, wenig mageres
Fleisch, hin und wieder etwas Wurst, Eier,
Gemüse, Obst.

● **Sie erwartet:** kaum Milch (wenn, dann nur
magere), kaum Fett.

● **Sie verbietet:** Zucker, aber süßen kann man ja
mit Süßstoff.

● **Das Sympathische:** Brot entspricht unseren
Eßgewohnheiten. Es sättigt aufgrund seines
hohen Ballaststoffanteils. Es bietet viel
Abwechslung im Speisezettel. Deshalb eignet
sich die Brot-Diät für alle, die Pfunde zu
verlieren haben, dies aber nicht in zwei Wochen
Radikalkur erledigen wollen. Geduld heißt die
Devise und vor allem: Mäßigkeit. Eigentlich ist
sie eine Art Schulung des Eßverhaltens, und in
gelockerter Form könnte sie sich dauerhaft auf
den Speiseplan niederschlagen.

Diese Brotsorten stehen der Brot-Diät gut an

● Kleiebrot / Schrotbrot / Schwarzbrot / Sojakeim-
brot / Leinsamenbrot / Roggenvollkorn-,
Roggenmisch- und Roggenschrotbrot / Vollkorn-
und Mischbrot / Vital-Brot / Sauerteigbrot mit
Kräutern
Die Brote sind sättigend, weil sie einen hohen
Ballaststoffanteil haben. Man kann sich deshalb
auf 1-2 Scheiben pro Mahlzeit beschränken.

● Pumpernickel / Feigenbrot
Die Brote wirken sich günstig auf die Verdauung
aus.

Diätetische Brotsorten und Verwandtes

● Knäckebrot
Verschiedene Sorten, so mit Kleie, Leinsamen
und Vollkornknäcke, sorgen für immer neue
Geschmackserlebnisse.

● Toastbrot
Weißer Toast und solcher aus Roggenmehl
bringen Abwechslung.

● Zwieback / geröstete Brotscheiben / Schweden-
brötchen (auch Roggen-Schwedenbrötchen) /
Buchweizenwaffeln / Vollkorngebäck / Vollreis-
waffeln
Die harten Gebäcksorten sind in gut sortierten
Lebensmittel- und Delikatessengeschäften
sowie Supermärkten zu erhalten.

● Schrotfladen mit Kleie / 7-Korn-Fladen /
Vollwert-Fladen / kleine Matzen
Alle diese knäckeharten Sorten sind in

Reformhäusern erhältlich. Sie sind leicht und kalorienarm und daher auch ideal als Zwischenmahlzeit. Man belegt sie wie Toast und Knäckebrot.

Vorschläge von morgens bis abends

Machen Sie es wie ich: Nehmen Sie zum Frühstück 1 Tasse Milch, Kaffee oder Tee mit wenig Brot und Butter, mittags ein Fleischgericht oder 2 Eier, eine Mehlspeise oder Gemüse, Brot und 1 Glas Wein; abends 1 Tasse Tee, Milchreis und viel Obst. Arbeiten Sie täglich 10 Stunden, unterhalten Sie sich angenehm während 2 bis 3 Stunden ohne Bosheit über Ihren Nächsten, lesen Sie 2 Stunden und gehen Sie 1 Stunde lang spazieren, wobei Sie über Ihre Fehler nachdenken, und ruhen Sie sich dann in den noch verbleibenden 8 Stunden aus.

Dr. L. Bourget, Lausanne, im Jahre 1912

I. Zum Frühstück

Feigenbrot

*300 g grobes Roggenmehl, 200 g Weizenmehl,
1 Handvoll Weizenkeime, ½ TL Salz, 20 g Hefe oder
1 Päckchen Trockenhefe, 3 dl Milchwasser,
2 EL Öl, 4 schöne, große Feigen*

Mehl, Weizenkeime, Salz in der Backschüssel
mischen. Hefe in Milchwasser (halb entrahmte
Milch, halb Wasser) auflösen. Öl zugeben.
Flüssigkeit zum Mehl geben und alles zu einem Teig
verarbeiten. Die Feigen sehr fein schneiden, in den
Teig arbeiten. Diesen sorgfältig kneten, zu einer
Kugel formen und abgedeckt eine Stunde aufgehen
lassen.

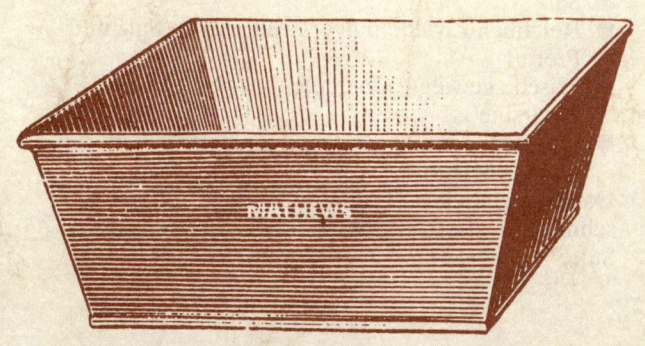

Eine Cakeform (Kastenform) hauchdünn mit Öl
auspinseln, mit Mehl ausstreuen. Den Teig in die
Form geben, 30 Minuten ruhen lassen, dann im
vorgeheizten Ofen bei 180 Grad etwa 1 Stunde
backen.
Dieses Brot ist wie geschaffen für einen trägen
Darm. Es sollte etwas liegen, bevor es angeschnit-
ten wird. Es schmeckt ausgezeichnet ohne Butter.

Quarkbrote

Brot: siehe Seite 109.
Magerquark mit Buttermilch glatt rühren und nach
eigenem Geschmack anmachen:
● Frische gehackte Küchenkräuter wie Dill,
  Petersilie, Kerbel, Schnittlauch
● Gewiegte Frühlingszwiebeln, Pfeffer, Aromat
● Gehackte Paprikawürfelchen, Paprikapulver,
  Salz
● Reichlich Zwiebelpulver, Chilipulver, Salz und
  Pfeffer
● Frische gewiegte Champignons und gehackte
  Petersilie
● Quarkbrot mit Diätmarmelade bestreichen, mit
  Apfelscheiben belegen.
Dazu: Radieschen / Gurkenscheiben / Tomaten-
schnitze / Kaffee oder Tee, künstlich gesüßt, oder
Säfte.

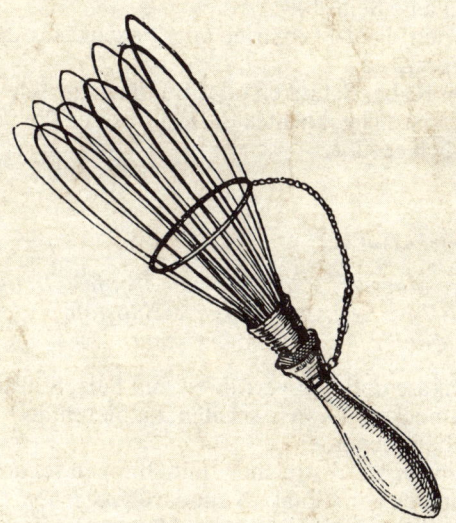

Leichtes Frühstück

Brot: siehe Seite 109.
Aufstrich: Diät-Margarine
Marmelade: Die Auswahl an kalorienarmen,
künstlich gesüßten Konfitüren und Musen ist groß.
Dazu: Diät-Joghurt oder Joghurt natur mit selber
hergerichteten Früchten, Kaffee, Tee oder
Früchtetee, künstlich gesüßt.

Kräftiges Frühstück

Brot: siehe Seite 109.
Aufstrich: Diät-Margarine oder Frischkäse oder
Cottage-Käse
Belag: Roher Schinken oder Bündner Fleisch
Dazu: 1 weichgekochtes Ei, Kaffee oder Tee,
künstlich gesüßt.

Obst-Knäcke

*1 Ecke Mager-Frischkäse, einige Tropfen Orangen-
saft, 1 Prise Salz, etwas flüssiger Süßstoff,
1 Blutorange, 1 Löffel Sojakrokant*

Frischkäse und Saft verrühren, mit Salz, Süßstoff
abschmecken. Orange schälen, halbieren, in
Scheiben schneiden.
Brot mit Käse bestreichen, mit Orangen schuppen-
förmig belegen. Sojakrokant darüberstreuen.
Dazu gibt es: ½ weiche Honig-Melone, Kaffee oder
Tee, künstlich gesüßt, oder Säfte oder Joghurt-
Drink.

Käse zum Frühstück

Brot: siehe Seite 109.
Belag: viertelfetter Käse oder Magerkäse (unter
15% Fett), 1 Scheibe Soja-Lunch

Dazu gibt es: 1 weichgekochtes Ei, Obst wie
Pfirsich, Grapefruit, Kaffee oder Tee, künstlich
gesüßt.

II. Zum Lunch

Vital-Brot

*500 g Vollkornmehl, 1 TL Salz, ½ TL Koriander,
2 EL Leinsamen, 20 g Hefe oder 1 Päckchen
Trockenhefe, 1 TL Zucker (zum Auflösen der Hefe),
1 dl Milchwasser, 1 Becher Joghurt natur (200 g)*

Mehl, Salz, Koriander, Leinsamen in der Backschüssel mischen. Die Hefe mit Zucker in der
lauwarmen Milch-Wasser-Mischung (halb, halb)
auflösen. Joghurt dazurühren. Nach und nach zum

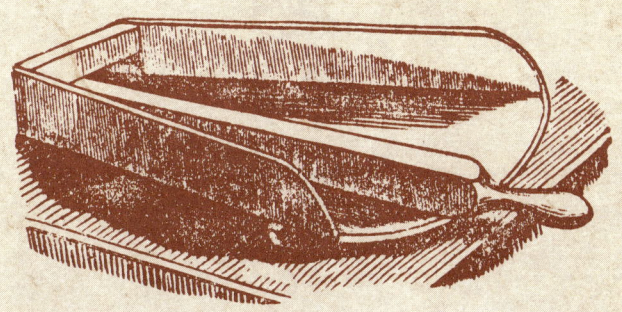

Mehl geben und verarbeiten. Einen glatten, festen Teig kneten und zu einer Kugel formen. Mit einem Tuch bedecken und 90 Minuten aufgehen lassen. Einen Brotlaib formen. Mit Wasser bepinseln und mit Leinsamen bestreuen, die Samen etwas eindrücken. Im vorgeheizten Ofen bei 200 Grad etwa 1 Stunde backen.

Mixed Grill in Alufolie

Für jeden Spieß: je 1 Stückchen Rinderfilet,
Kalbsleber, Kalbsfilet, 3 große Champignons,
3 Perlzwiebeln, Senf, Salz, Pfeffer, Paprikapulver

Das Fleisch würfeln. Abwechselnd mit Pilzen und
Zwiebeln auf die Fleischspieße stecken. Spieße
leicht mit Senf bestreichen und würzen. In Alufolie
einwickeln. Auf dem heißen Grill 20 Minuten
grillieren, dann auf vorgewärmten Tellern
anrichten, den Fleischsaft über die Spieße gießen.
Dazu: Brot (siehe Seite 109) und grüner Salat.

Gemüse-Eier

Für 2 Personen: 2 grüne Paprika, 2 Tomaten, 2 grüne
Zwiebeln, 2 Knoblauchzehen, etwas Öl, Salz,
Pfeffer, 4 Eier

Paprika putzen und in Streifen schneiden, Tomaten
würfeln, Zwiebeln und Knoblauch hacken.
Eine Pfanne mit Öl auspinseln. Gemüse darin
weich dünsten. (Falls nötig, einen EL Wasser
zugeben.) Würzen. Die Eier verschlagen, mit 2 EL
Wasser verlängern, etwas würzen. Zum Gemüse
gießen. 5 Minuten stocken lassen.
Dazu: Brot (siehe Seite 109) und Saft.

Grillierte Kalbsleber

1-2 Scheiben Kalbsleber, Öl, Salz, Pfeffer,
100 g Pfifferlinge (frisch oder aus der Dose),
Zitronensaft, Aromat, Pfeffer, Thymian, Kresse

Die Leber auf dem Grill beidseitig minutenschnell
grillen. Würzen. Eine Pfanne hauchdünn mit Öl
bepinseln, Pfifferlinge darin dünsten. Würzen.
Servieren: 1 Scheibe Brot (siehe Seite 109) auf den
Teller geben, Leber und Pilze darüber anrichten.
Mit Kresse bestreuen.
Dazu: Chicoréesalat mit Mandarinen, angemacht
an süß-saurer Joghurtsauce. Süßen mit Süßstoff.

Truthahnschnitzel mit Kräutertomaten

Pro Person: 100 g Truthahnschnitzel, Senf, 1 feste
Tomate, Salz, Pfeffer, Öl, Kräutermischung aus
Estragon, Oregano, Thymian

Das Fleisch zart mit Senf einstreichen, mit wenig
Pfeffer und Salz würzen. In Alufolie einwickeln. Im
vorgeheizten Ofen bei 200 Grad 20 Minuten
backen.
Die Tomaten oben kreuzweise einritzen. Mit Salz
und Pfeffer würzen. Eine Gratinform hauchdünn
mit Öl auspinseln. Tomaten hineinstellen.
Kräutermischung auf die Tomaten geben.

20 Minuten im vorgeheizten Ofen parallel zum
Fleisch backen.
Dazu: Brot (siehe Seite 109) mit Cottage-Käse.

Fischfilet an Spinat

Pro Person: 150 g Fischfilet, Zitronensaft, Fischge-
würze, 150 g Blattspinat (tiefgekühlt), Salz, Pfeffer,
Muskat, 1 Handvoll Sojakeimlinge

Den Fisch mit Zitronensaft beträufeln, würzen.
Pochieren oder in Alufolie im Ofen backen.
Den Spinat langsam auftauen lassen, kurz
aufkochen und würzen.
Fisch und Spinat auf einem vorgewärmten Teller
anrichten. Über den Spinat die rohen Keimlinge
streuen.
Dazu gibt es: Toastbrot mit Mager-Frischkäse.

Salatteller mit Ei

Verschiedene Salate auf einem großen Teller
anrichten: grüner Salat, roter Chicorée und weißer
Chicorée, frische Spinat-, Löwenzahnblätter,
Kresse. Außerdem: geraffelte Karotten, Tomaten-
schnitze. Zwei hartgekochte Eier halbieren, den
Salatteller damit bereichern.
Eine Joghurtsauce mit wenigen Tropfen Öl,
zerdrücktem Knoblauch, Salz, Magermilch, einer

Prise flüssigem Süßstoff anrühren. Über den Salat
gießen.
Dazu: kräftiges Brot (siehe Seite 109) und
Soja-Würstchen.

III. Zwischenmahlzeit

Obstsalate mit besonderer Note

● Rote und grüne Weintrauben halbieren,
  entkernen, mischen mit Pfirsich, Apfel,
  garnieren mit Himbeeren.
● Orangen, Grapefruit, Mandarinen, Mango.
  Alle Früchte würfeln. Garnieren mit Granatapfelkernen.
● Honigmelone, Apfel, Kiwi. Die Früchte
  würfeln. Garnieren mit roten Johannisbeeren.
Dazu: Zwieback oder anderes diätetisches Brot
(siehe Seite 109) oder Vollkorngebäck.

IV. Am Abend

Sauerteigbrot mit Kräutern

*250 g Roggenmehl, 250 g Vollkornmehl, 1 EL Salz,
250 g Sauerteig (gibt es fertig zu kaufen), 2 dl
lauwarmes Wasser, 1 Bund Petersilie, 1 Bund*

*Schnittlauch, 1 TL getrockneter Majoran, ½ TL
Knoblauchpulver*

Mehl und Salz in einer Schüssel mischen. Den
Sauerteig sowie nach und nach das Wasser
dazuarbeiten. Petersilie und Schnittlauch hacken.
Alle Kräuter unter den Teig arbeiten. Den Teig sehr
gut kneten, mit einem Tuch bedecken und einen
halben Tag aufgehen lassen. Tischplatte bemehlen
und den Teig nochmals kneten. Ein oder zwei
längliche oder runde Brotlaibe formen. Diese auf
ein gefettetes Blech legen. Nochmals 1 Stunde
aufgehen lassen.
Mit Wasser bestreichen. Eventuell mit Roggenkör-
nern bestreuen, diese andrücken. Im vorgeheizten
Ofen bei 200 Grad etwa 1 Stunde backen.

Kräuterbrot und Rührei

Das Brot aus vorigen Rezept mit Diät-Sandwich-
Creme bestreichen, mit einer Scheibe Truthahn-
schinken belegen.
Rührei zubereiten, auf dem Brot anrichten. Mit
Schnittlauch bestreuen.
Obstbeilage: Birne.

Pumpernickel mit Sülzchen

Die Sülzchen fertig kaufen, mit Zwiebelringen,
Tomatenscheiben und Cornichons (kleine
Gürkchen) garnieren.
Dazu gibt es Pumpernickel, Mager-Frischkäse und
eingelegte rote Paprika.

Vitamin-Brot

Ein kräftiges Brot wählen (siehe Seite 109).
Belegen mit rohem Schinken, Magerquark,
garnieren mit frischen jungen Brennesselblättern
und jungen Löwenzahnblättern.
Dazu: Tomaten-Gurken-Salat.

Gefüllte Eier

Eier hart kochen, halbieren, das Eigelb vorsichtig
entnehmen, mit folgenden Zutaten pürieren:
● 1 gekochte, gepellte Kartoffel, etwas Joghurt,
  Zitronensaft, Salz, Pfeffer, eventuell frische
  Küchenkräuter.
● Magerquark und Küchenkräuter. Zum
  Garnieren Kaviarersatz (Fischeier).
● Wenig Soja-Aufstrichcreme, Sardellenpaste.
  Zum Garnieren Kapern.
Die Eigelb-Creme in die Eiweißhälften füllen,
eventuell mit einem Spritzbeutel. Hübsch
garnieren.

Dazu gibt es kräftiges Vollkornbrot, Nüßlisalat mit
Radieschenscheiben und Grapefruitschnitze.

Gemüse-Dips

Frische Gemüse putzen, z. B. Karotten, Fenchel,
Kohlrabi, Stangensellerie, große Champignons,
Zucchini. Das Gemüse in große Würfel oder dicke
Scheiben schneiden. In einer Glasschüssel, bunt
gemischt, auf den Tisch bringen. Rundherum
stehen Schüsselchen mit Dips. Die Gemüse auf
Fonduegabeln spießen und in die Dips tunken.

- Joghurt natur, würzen mit Senf, weißem Pfeffer,
  Salz. Frisch gehackte Kräuter wie Petersilie,
  Schnittlauch, Kerbel und gehackte Eier
  darunterrühren.
- Hüttenkäse, würzen mit Salz, Paprika, Pfeffer,
  feingehackter Petersilie, Liebstöckel, Sellerie-
  kraut.
- Tomatenketchup (2 EL), mischen mit Joghurt
  und Zitronensaft. Feingewiegte Zwiebeln,
  zerdrückten Knoblauch daruntermischen.
  Würzen mit einer Prise Süßstoff, Cayenne-
  pfeffer, Paprika edelsüß, Curry, Bohnenkraut.
- Milden Senf (2 EL) mit Magerquark, etwas
  Milch verrühren. 1 Apfel reiben und darunterrühren. Würzen mit Streuwürzen, Süßstoff.

Dazu gibt es einen Korb mit verschiedenen
Brötchen, z. B. Roggen-, Leinsamen-, Sojaschrot-
brötchen.

Variante
Die Gemüse in leicht gesalzenem Wasser, dem 1 EL
Zitronensaft beigefügt ist, einige Minuten kochen.
Gemüse abtropfen lassen, auf den Tisch bringen.

Kaltes Fleisch mit Melone

Sie richten eine Aufschnittplatte mit verschiedenen
Fleischsorten an:

*Roher Schinken, Bündner Fleisch, Truthahnschin-
kenwurst, Kalbfleisch- und Lyoner Wurst (Fleisch-
wurst)*

Eine Wassermelone, die bis zum Gebrauch im
Kühlschrank ruht, auf- und in Würfel schneiden.
Eine große Glasschüssel mit Eiswürfeln auslegen,
die Melonenwürfel darauf anrichten und zum
Fleisch reichen.
Dazu: Vollkorn- oder Schwarzbrot.

Ein letzter Happen

*Pro Person: 1 Scheibe Pumpernickel, 1 Scheibe
Toastbrot, Mager-Frischkäse, verfeinert mit frischen
Küchenkräutern
Für die Cocktailspießchen: Käsewürfel (Mager-
käse), Kalbfleischwurst, Cornichons (kleine
Gürkchen)*

Pumpernickel großzügig mit Frischkäse bestreichen. Toastbrot darauflegen, gut andrücken. Mit
einem scharfen Messer gleichgroße Quadrate
schneiden. Einen um den anderen Brotwürfel
herumdrehen, so daß ein Schachbrett entsteht.
Schachfiguren sind die Cocktailspießchen, mit
Käse, Wurst- und Gurkenwürfeln versehen.

Eigene Rezepte & Notizen:

_____

_____

_____

_____

_____

_____

_____

_____

_____

_____

_____

_____

_____

Mit einem Frühstück fängt der Tag gut an

Einladung zum Brunch

Register

Fantastische Pausenbrote für Büro und Schule

Imbiß — kalt oder warm und rund um die Mittagszeit

Register

Picknick — im Freien und rund ums Feuer

„Klassische" Brotzeiten

Vom frühen Abend
bis in die späte Nacht

Register

Brot-Diät für jemanden, der gerne ißt

In dieser Reihe sind erschienen:

Münsterländische Küchenschätze
Schwäbische Küchenschätze
Bayerische Küchenschätze
Norddeutsche Küchenschätze
Hessische Küchenschätze
Rheinische Küchenschätze
Fränkische Küchenschätze
Romantisches Kochbuch aus Rothenburg o. d. T.
Berliner Küchenschätze
Pfälzisch-Saarländische Küchenschätze
Wiener Küchenschätze
Tiroler Küchenschätze
Salzburger Küchenschätze
Schweizer Küchenschätze
Elsässer Küchenschätze
Das kleine Backbuch für Kuchen und Torten
Das kleine Schnapsbuch
Das kleine Rumtopfbuch
Das kleine vegetarische Kochbuch
Das kleine Camping-Kochbuch
Das kleine Buch der Küchenkräuter
Meine Küchenschätze (Leerkochbuch)
Das kleine Kochbuch für 1 Person
Wildfrüchte — selbst gesammelt und zubereitet
Das Schinderhannes-Kochbuch
oder: **Das kleine Kochbuch aus dem Hunsrück**
Das kleine Fischkochbuch
Das kleine Buch der Heilkräuter
Katerfrühstück
Schnelle Gedecke für 2
Die kleine Einmachküche

Fragen Sie Ihren Buchhändler oder schreiben Sie uns:
Wir schicken Ihnen gern unser Verlagsverzeichnis.